# 儿童教育心理学

［奥地利］阿尔弗雷德·阿德勒（Alfred Adler）著
杜秀敏 译

机械工业出版社
CHINA MACHINE PRESS

**图书在版编目（CIP）数据**

儿童教育心理学/（奥）阿尔弗雷德·阿德勒（Alfred Adler）著；杜秀敏译. —北京：机械工业出版社，2019.2（2025.6重印）
书名原文：The Education of Children

ISBN 978-7-111-61984-0

Ⅰ.儿… Ⅱ.①阿… ②杜… Ⅲ.儿童心理学－教育心理学 Ⅳ.G44

中国版本图书馆CIP数据核字（2019）第025807号

Alfred Adler. The Education of Children.
Published in 1930 by George Allen and Unwin Ltd.

本书中文简体字版由机械工业出版社出版发行。未经出版者书面许可，不得以任何方式抄袭、复制或节录本书中的任何部分。

## 儿童教育心理学

出版发行：机械工业出版社（北京市西城区百万庄大街22号 邮政编码：100037）
责任编辑：王 戬
责任校对：殷 虹
印　刷：保定市中画美凯印刷有限公司
版　次：2025年6月第1版第9次印刷
开　本：147mm×210mm 1/32
印　张：7.625
书　号：ISBN 978-7-111-61984-0
定　价：45.00元

客服电话：（010）88361066　68326294

版权所有·侵权必究
封底无防伪标均为盗版

# 目 录

## 第 1 章
**导言** /1
儿童的自我认识和自我指导能力非常薄弱。成人必须对儿童进行教育，关注并引导他们的成长。

## 第 2 章
**人格的统一性** /15
儿童的所有活动都是他整体的生活和人格的外显，不了解行为中隐含的生活背景就无法理解他所做的事，我们把这种现象称为人格的统一性。

## 第 3 章
**追求卓越及其教育意义** /25
人性另一个重要的心理事实是人们对卓越和成功的追求。在本章我们将会讨论追求卓越及其对教育发展的意义。

## 第 4 章
**引导追求卓越的努力** /41
每个孩子都会去追求卓越，而教育者的任务就是把这种追求引向富有成就和有益的方向，并确保这种追求给孩子们带来的是精神健康和幸福。

## 第 5 章
**自卑情结** /52
自卑情结是指一种过度的自卑感，它促使人们去寻求唾手可得的补偿和富有欺骗性的满足。同时，这种自卑情结放大困难，消解勇气，从而将通往成功的道路堵死。

## 第 6 章
## 儿童的发展：预防自卑情结 /64

儿童的发展既不由天赋决定，也不由客观环境决定，儿童对客观现实的看法和他们与客观现实的关系才是儿童发展的决定因素。

## 第 7 章
## 社会情感及其发展的障碍 /78

我们在许多儿童和成人身上会发现一种把自己和他人联系起来、与他人合作完成任务并使自己成为对社会有用的人的愿望。对于这些现象，我们最好用社会情感这个概念加以概括。

## 第 8 章
## 儿童在家庭中的位置：情境与补偿心理 /94

孩子的发展与他们对自己在环境中所处位置的无意识理解是一致的。长子、次子和幺子有着不同的发展过程，而这种发展同样符合他们在家庭中所处的位置。

## 第 9 章
## 作为准备性测试的新情境 /104

我们对新环境进行研究的原因在于它是使儿童发生转变的因素，它将儿童在对新环境准备方面的缺失和不足体现了出来。我们可以把每一个新环境看作对儿童准备性的测试。

## 第 10 章
## 学校里的儿童 /118

当一个孩子跨入学校的大门时，学校对他来说就是一个全新的环境。和其他所有的新环境一样，学校也可以视为对儿童入学准备的一种测试。

## 第 11 章
## 外部环境的影响 /138

个体心理学在心理和教育方面涵盖的内容非常丰富，外在环境的影响当然也是其中之一。

### 第 12 章
**青春期和性教育** /154

青春期比以前任何一个阶段都更能使人表现出一个人的生活风格。

### 第 13 章
**教育的失误** /168

对孩子的教育，家长或老师绝不能有半点灰心丧气。

### 第 14 章
**对父母的教育** /178

此书专门为家长和老师而写。他们可以从书中对孩子心理生活的新见解中获益。

### 附录 A
**个体心理学问卷** /187

### 附录 B
**5 个案例及其分析** /193

**译者后记** /236

# 第1章 导言

**01**
CHAPTER 1

从心理学的角度来看，教育问题可以归结为一种自我认识和自我指导的过程。成人教育与儿童教育相类似，但是也存在一定的差异。相比成人而言，儿童的自我认识和自我指导能力非常薄弱。若要儿童自行培养这一能力，所需过程会十分漫长。因此，成人必须对儿童进行教育，关注并引导他们的成长。

然而，这里最大的困难莫过于对儿童的无知。因为成年人正确认识自我已属不易，更何况是全面地了解儿童，要在此基础上去指导和引导儿童就更加困难了。

个体心理学特别重视研究儿童心理，这不仅因为这个领域本身很重要，同时还因为它可以让人认识到成年人的性格特征和行为方式。与其他的心理学不同，个体心理学不允许出现理论和实践的脱节。个体心理学着重研究整体人格，并将自己的科学目光投向整体人格的发展和其可能表现的充满活力的追求。站在这一立场考虑，个体心理学的科学知识就是实践知识，因为所谓的知识源于对错误和谬误的认识。不管是心理学家、父母、朋友还是个体本身，只要他

# 第1章 导　言

拥有这样的知识，就会懂得如何运用这些知识来指导人格的发展。

基于个体心理学采用的研究方法和研究观点，它的所有论述形成了一个有机的整体。根据个体心理学理论，个体的行为是由个体的整体人格发动和指引的，因此，个体的行为反映了个体的心理活动。在导言部分，我试图对个体心理学的观点做一个总体性的论述，并在后面的章节里进行更进一步的详细探讨。

关于人的发展有一个根本事实，那就是人的心理总是充满着有活力的、有目的的追求。自出生起，人就不断地追求发展，追求伟大、完善和优越的美好前景。这种前景无时不在，却是无意识形成的。正是这种有目的的追求主宰了人一生的具体行为，甚至决定了他的思想。因为人的思想绝不是客观事实，而是与他的生活目标和生活方式相一致的。

整体人格内化于每个人的存在之中。每一个体代表了人格的整体性和统一性，同时每一个体又是其整体人格所塑造的。每一个体都是一幅精美的人格画作，画作的作者就是个体本身。不过，他不是完美的画作者，因为他对自己的灵魂和肉体没有完全的认识。

在考察人格的构建时，有一点需要特别注意，即人格的整体性及其独特的生活目标和生活方式并不是建立在客观现实的基础之上，而是建立在个体对客观事实的主观看法的基础之上。也就是说，个体对客观事实的看法绝不是事实本身。所以，尽管人类生活在同样的现实世界之中，却各自以不同的方式来塑造自己。每个人都根据自己对事物的看法来塑造自己。有些看法在心理上是健康的，也是正确的；但有些是不健康的，也是错误的。我们要全面观察个体的成长过程，时刻关注他在成长过程中可能会出现的心理问题和障碍，特别是关注他童年时的心理问题和障碍，因为这些心理问题和障碍会影响他以后的人生轨迹。

此处用一个具体的例子来加以说明。一个52岁的女人，她总是不停地贬损比她年长的女性。回顾她的童年，我们发现所有人的注意力都被她的一个姐姐所吸引，而她这个时候就产生了一种屈辱感和无价值感。若用个体心理学的"纵向"观察方法来分析这一案例，可以发现这个女人从童年到生命的最后都存在同样的心理机制、同样的心理动力：她总是怀疑别人看不起她，当她注意到别人更受人喜爱，或是处于更有利的地位时，她就愤愤不平。因此，尽管我们对这个女人的生活或她的整体人格一无所知，但是，我们完全可以根据所了解的事实来理解她。在这方面，心理学家与小说作者类似，运用一个确定的行为主线、一种生活方式或一种行为模式来构建人物的生活，以确保人物的整体人格不会被破坏。一个优秀的心理学家甚至能够预测这个女人在特定环境下的行为，并能够清晰地描绘出她独特的"生命主线"所附带的人格特征。

个体的追求或有目的的活动是以人的自卑感为前提的。所有的儿童都有一种天生的自卑感，它会激发儿童的想象力，激励他们尝试通过改善自己的处境来缓和或者消除自己的心理自卑感。心理学把这种现象称为心理补偿。

自卑感和心理补偿机制有着共同的一点，即它开启了人们犯错误的极大的可能性。自卑感可能在客观上有助于个体的完善，虽然这种补偿性心理特征的形成是必要的，也是必然的，但是它也可能导致单纯的心理调适，从而扩大个体和客观现实之间的差距。如果自卑感过于严重，那么当事人最终只能在心理上而不能在行为上加以克服。

在这里，我们把那些明显表现出补偿性的性格特征的儿童分为三类：生来就衰弱或有器官缺陷的儿童，从小受到严厉教育或没有受到父母关爱的儿童和从小被宠坏的儿童。

这三种类型代表了问题儿童的三种基本处境。通过研究第一类儿童中的极端例子，我们发现，尽管不是每个儿童都是天生残疾的，但令人诧异的是，很多孩子都表现出某些由身体缺陷所引发的心理特征。而通过研究另外两类被严厉教育或被娇宠过甚的儿童，我们发现，在实践上，几乎所有的儿童都在不同程度上属于其中一类，或者两者兼而有之。

上述三种基本处境都会使儿童产生欠缺感和自卑感，从而刺激儿童形成超越其自己潜力的野心。在病理学上，我们很难判断对于个体而言，过度的自卑感和膨胀的野心这两者到底哪一个的伤害力更大。两者通常按照一定的规律依次再现。过度的自卑感会激起儿童膨胀的野心，而这种野心有时又会毒害他的心灵，使他永不安分。由于受到了野心的过分浇灌，这种不安分不会结出任何果实，因此，它并不会导致有意义的行为。这种野心又与个体的性格怪癖相互纠缠，从而不断地刺激儿童自身，使他变得更加敏感，很容易动怒或实施伤害行为，并最终走向过度的自卑。

这种人（《个体心理学杂志》中有这类人的案例）虽然在生理上长大成人，但是他们的才智仍然在沉睡之中。他们要么变得"神经兮兮"，要么性格古怪。如果发展到极端状态，这种人最终会成为不负责任的人，甚至走向犯罪，因为他们头脑里只想着他们自己，而从来不考虑别人。他们绝对是道德上和心理上的自我主义者。他们中的一些人逃避现实，为自己构筑了一个全新的幻想世界。他们整天做白日梦，沉溺于幻想世界之中，似乎把幻想世界当成现实世界。虽然他们最终成功地获得了心灵的安宁，但实际上，他们只是虚构出另一种现实，借以达到心灵和现实的妥协。

心理学家和为人父母者需要关注的是儿童在成长中所表现出来的社会情感的发展程度。因为社会情感是儿童发展的晴雨表，在儿童心理的正常发展中起着决定性和指导性作用。社会情感上的任何障碍都会严重危害儿童的心理发展。

# 第1章 导　言

　　个体心理学就是围绕社会情感的根本原则来发展相应的教育方法的。为了让孩子能更好地为将来的生活做好准备，孩子的家长和教育者不应该让孩子只和一个人建立密切联系。

　　了解儿童的社会情感发展的一个好方法，就是仔细观察他入学时的表现。学校对儿童来说，是一个全新的环境。刚进校门，儿童就会表现出他们对适应新环境一事是否准备充分，特别是对如何与人相处是否准备充分。

　　普遍来说，人们都缺乏如何帮助孩子做好入学准备的知识，因而，许多成年人在回想起自己初入学时的情景，总觉得那就是一场噩梦。但是如果教育得法，学校自然也能弥补儿童早期教育的缺失。理想的学校可以更好地充当家庭和现实世界之间的媒介，学校不仅仅是一个传授书本知识的地方，也是传授生活知识和生活艺术的场所。不过，在等待理想学校出现以弥补家庭教育缺陷的同时，我们首先应该关注家庭教育。

　　因为学校还不是一个十全十美的环境，对于家庭教育的弊端，学校只能起显示器的作用。例如，如果父母事前没有教育好自己的孩子如何与他人相处，那么，孩子在入学的时候就会感到孤立无援。他们会因此被视为孤僻的怪孩子。这反过来又会使孩子初始的孤僻倾向更加严重。长此以往，他们将发展成问题儿童。人们常把这种情况的源头归咎于学校，殊不知学校只不过是让家庭教育的潜在问题显现出来而已。

　　问题儿童能否在学校取得进步，个体心理学还没有定论。不过，能肯定的一点是，儿童在入学时遭遇失败是一个危险的信号。这与其说是学习的失败，还不如说是心理上的失败。在实践中，我们发现这些儿童逐渐对自己丧失信心，气馁情绪也在慢慢扩散。渐渐地，他们开始回避有意义的行动和任务，转而去寻求自由自在之道和成功的便捷途径。他们抛弃社会所认可的康庄大道，而是选择以某种优越来补偿其自卑感的私人小道。对于这些丧失信心的儿童来说，选择最为便捷的成功之道，最具吸引力。在他们看来，比起走社会所认可的大道，甩开社会的道德责任要容易得多。这会给他们带来一种毫不费力的征服感。这种人只肯做十拿九稳的事情，借以炫耀自己的优越。选择捷径显示了他们内在的怯懦和虚弱，尽管他们的行为表现得相当勇敢无畏。就像我们见过的那些作奸犯科之人，尽管表面上无所畏惧，骨子里却十分脆弱。同样，尽管迹象并不鲜明，那些表面上勇敢无畏的儿童，却在没有什么危险的环境中暴露出一定的脆弱感。比如，我们经常看到有些儿童在站立的时候总是要依靠其他物体才能挺直身体。传统的治疗方法和对这种现象的理解仅仅针对这种症状本身，而不是更为根本的环境问题。人们总是对这样的孩子说："站直了！"但事实上，孩子依靠在什么上这一点并不重要，重要的是他总希望得到帮助和支持的心理。通过惩罚或奖励，我们虽然可以很快使他们消除这种软弱的表现，但他们希望获得帮助的心理并没有得到满足，问题的根源依然存在。只有好老师才能读懂孩子的这些迹象，并以同情和理解去帮助孩子消除这种毛病的根源。

通常，我们能够从某个单一的迹象来推断出孩子所具有的心理素质和性格特征。例如，如果一个孩子表现出渴求依靠某种东西的行为，我们立刻就可以知道，这个孩子肯定有诸如焦虑、依赖等特征。把他的情况与我们所研究的案例做一个比较，我们就可以重建此类型儿童的人格，而且能够轻松确定，这个孩子属于被娇宠过甚的一类。

接下来，我们探讨另一类从未受过关爱的孩子的性格特征。在那些罪大恶极的人的一生中，我们能够看到这样的事实，即他们在童年时代都受到过恶劣对待。因此，他们就形成了冷酷、满怀嫉妒和恨意的性格。他们无法容忍别人幸福。一旦他们拥有孩子，或对孩子负有教育责任，他们就会认为孩子不应该比他们自己的童年过得更幸福。这类人不仅会对自己的孩子持这样的态度，作为别人孩子的监护人时也会持这样的态度。

这样的观念和看法并不是贬义的，它们只是反映了那些在成长时期受到恶劣对待和严厉教育的人的精神状态。这类人还会用许多自我感觉正当的理由来为自己的行为辩解，例如"收起鞭子，害了孩子"。这些人不断拿出证据和例子来证明自己的行为，但都无法证明自己是对的。因为僵硬的、专横的教育只会使孩子离他们的教育者越来越远。这样的教育没有任何意义。

通过考察一系列既相互区别又相互联系的不健康症状并经过若干的实践之后，心理学家就可以构建出个体的人格系统。凭借这个系统，人们就可以揭示个体隐蔽的心理过程。虽然通过对个体人格某一方面的考察能够揭示他整体人格的某种特征，但是，只有当所考察的每个方面都显示出相同的特征时我们才感到满意。因此，个体心理学既是一门科学，也是一门艺术。在探讨个体心理时，我们不能把理论框架和概念系统呆板、机械地运用，这一点非常重要。个体才是所有研究的重点，我们不可能从一个人的一两个表现中就得出影响深远的结论，而应该尽可能全面考虑来支持我们的论点。只有当我们成功地证实最初的假设，或我们能够在一个人行为的其他方面也能发现类似的气馁和顽固时，我们才可以肯定地说，这个人的整体人格具有气馁和顽固的特征。

这里，需要注意的是，被研究的对象并不理解他自己的行为表现，因此，他没办法隐藏真正的自我。他的人格是通过他在环境中的行动表现出来的，而不是通过他对自己的看法和想法表现出来的。这并不是说他在说谎，而是说，一个人有意识的思想和无意识的动机之间存在着巨大的差距。只有具备同情心但又保持客观的旁观者才能跨过这种距离。这个旁观者可以是心理学家、父母，也可以是老师。他应该在客观事实的基础上解释个体的人格，这种客观事实体现了即使个体本人（在一定程度上）也未曾意识到的、有目的的追求。

因此，相比对其他别的任何问题的态度，人们对个体生活和社会生活的3个基本问题的态度更能表现出真正的自我。第一个问题涉及社会关系，这在研究对现实的客观看法和主观看法的矛盾时已经论述过。另外有一点需要说明，社会关系的问题还具体表现为这样一个任务，即结交朋友和与人相处。个体如何面对这一问题？他又如何回应这一问题？如果一个人对交朋友和拥有社会关系完全是无所谓的态度，并认为通过这种态度他就可以回避在社会关系中可能遇到的问题，那么，"无所谓"就是他对这个问题的回应。从"无所谓"的态度中，我们就可以得出关于他人格方向和结构的结论。此外，我们还应注意，社会关系不仅仅局限于如何与人交往并结交朋友，还包括关于这些关系的抽象观念诸如友谊、合作、信任和忠诚等。对于社会关系问题的回答同样体现了个体对所有这些抽象观念的认识。

第二个基本问题涉及个体如何运用自己的一生，即他打算在普遍的社会分工中发挥什么样的作用。如果认为社会问题由一个以超越自我的你－我关系决定，那么，也可以认为第二个问题由"人－世界（即地球）"的基本关系决定。如果把世界上所有的人都压缩成一个人，那么，这个人就总是与世界关联着。他希望从社会中得到什么？就像第一个问题的本质一样，第二个基本问题即个体的职业问题也不是个体单方面的私人问题，而是一个涉及人和世界的关系问题。这种关系并非完全由个体的意志决定。因此，职业成就的取得并不取决于个体的个人意愿，而是来源于与客观现实的关系。基于这个原因，个体对职业活动问题的回答及其回答的方式就高度地反映了他的人格及其对生活的态度。

第三个基本问题源于人类分为两性的事实。这个问题同样也不是个体单方面的私人问题，它与两性关系的内在客观逻辑相一致。因此，如果把"如何和异性相处"简单地看作是一个典型的个人问题，同样也是错误的。只有仔细研究所有与两性关系相关的内容，才能正确解决这个问题。显而易见，与爱情和婚姻的正确解决方法的任何偏离都体现了人格的缺陷。因此，许多因为对这个问题处理不当而产生的不利后果，都可以归咎于更为根本的人格缺陷。

综上所述，个体大致的生活风格和独特目标，基本能从他对这三个基本问题（社会关系问题、职业问题和两性问题）的回答中找到蛛丝马迹。个体的生活目标具有决定意义，它决定了一个人的生活风格，并反映在这个人的行动上。因此，如果一个人的目标是指向生活中有建设性的一面，那么，他所有解决问题的方法都有建设性的一面。个体也会因此感受到幸福和快乐，并在这种建设性和有益的活动中感受到一种价值和力量。与此相反，如果一个人的目标是指向生活中消极的一面，那么，个体就无法解决这些基本问题，因此也就不能获得妥善解决这些问题所带来的欢乐。

这些基本问题之间存在着密切的联系。因为在社会生活中，这些基本问题还可能派生出一些特定的任务，而这些特定的任务又必须在社会感情的基础上才可以圆满完成。实际上，这些任务在儿童时期就开始出现了，一个人的感官发展与看、听和说等社会生活方面的刺激保持一致，人也是在与兄弟、姐妹、父母、亲戚、熟人、伙伴、朋友和老师的关系中不断成长。这些任务还以同样的方式与人一生相伴。如果脱离了与其同伴的社会接触，那么他就注定要失败。

因此，个体心理学有充分的理由证明，对社会有好处的事就是"正确的"。任何对社会规范的偏离都可看作是对"正确之道"的偏离，并必然会与客观的法律和现实发生冲突。这种与客观现实的冲突必然会使行为人产生明显的无价值感，这种冲突也将引起受害者同等甚至更为强烈的报复。值得注意的是，对社会规范的偏离还违反了人们内在的社会理想，而每个人都有意识或无意识地怀有这种理想。

因为个体心理学积极强调把儿童对社会情感的态度看作其发展的检测器，所以，个体心理学很容易确定和评价儿童的生活风格。因为儿童一旦遭遇生活问题，就会在这种考验中（就像被测试时）表现出他是否对此准备充分。换句话说，我们可以从中看出他是否拥有社会情感，是否拥有勇气和理解力，是否追求对社会普遍有益的目标。随后，我们也会发现他向上努力的方式和节奏，发现他的自卑感的程度和社会意识的发展程度。所有这些相互交织，相互关联，最终形成一个有机的、不可分裂的统一体。在发现有缺陷之前，这个统一体是顽固的，随后，新的统一体才有可能被建立起来。

# 第2章

# 人格的统一性

---

## 02
CHAPTER 2

儿童的心理活动是非常奇妙的。儿童心理生活的任何一方面都能引人入胜，让人着迷。其中，最为重要的是如果我们想要理解儿童的某一特定行为，就必须先了解其整体的生活史。儿童的所有活动都是他整体生活和人格的外显，不了解行为中隐含的生活背景就无法理解他所做的事，我们把这种现象称为人格的统一性。

人格统一性的发展就是行动及其手段相协调成为一个单一模式的过程，这种发展从童年就开始了。生活迫使儿童整合并统一自己的反应，而他对不同情境的统一反应方式不仅构成了他的性格，也使他所有的行动个性化，从而与其他儿童区别开来。

绝大多数的心理学派通常都忽视了人格的统一性，即使没有全部忽视，也没有给予足够的重视。因此，这些心理学理论或精神病学实践常常把一个特定的表达孤立起来，似乎它们是独立存在的。有时，这种表达或手势被称作一种情结，认为它们可以在与个体的其他活动中相互隔离。这样的做法就像从一个完整的旋律中抽出一个音符，然后试图抛开其他音符来理解这个音符的意义。这种做法很明显是不妥当的，却又普遍存在。

个体心理学认为自己应该站出来反对这种普遍的错误做法，特别是这种错误的做法一旦涉及儿童教育，将会产生不小的危害。这在关于儿童惩罚的理论中表现得更加突出，如果儿童做了招致惩罚的事情，人们常常会考虑儿童人格留给人们的总体印象。不过，惩罚对于儿童来说一般是弊大于利。因为如果这个儿童经常犯这种错误，老师或家长就会先入为主地认为他是屡教不改。如果这个儿童在其他方面表现良好，那么，人们通常会因为这种总体的好印象而不会那么严厉地惩罚他。但是，这两种情况都没有触及问题的根源，即没有在全面理解儿童人格统一性的基础上来探讨这种错误是怎样产生的。这点与脱离整个旋律来理解某个单一音符类似。

如果我们问一个儿童他为什么懒惰，那么就别期望他能够意识到我们想知道这个问题的根本原因，同样，我们也不要期望一个儿童会告诉我们他为什么撒谎。几千年来，深谙人性的古希腊哲学家苏格拉底的话一直萦绕在我们的耳边："认识自己是多么困难！"同样，我们如何能期望一个孩子能够回答如此复杂的问题呢？甚至对于心理学家来说，回答这些问题也很勉为其难。了解个体某一行为所表达的意义的前提是，我们要有某种方法来认识他的整体人格。这个方法不是要描述他做了什么或者如何去做，而是要理解他在面临任务时所采取的态度。

下面这个例子将会阐释儿童整体生活背景的重要性。

一个13岁的男孩有两个妹妹。5岁前，他的生活快乐美好，因为当时妹妹还没有出生，他是家里唯一的孩子，周围每一个人都乐于满足他的任何要求。他的爸爸是个军官，经常不在家。他的妈妈是一个聪明善良的女人，非常宠爱他，总是努力满足这个依赖性强又固执的儿子每一个心血来潮的要求。不过，当这个儿子表现出没有教养或者胁迫性的态度和动作时，妈妈也会很生气，母子关系就开始紧张。这首先表现在他的儿子总是试图支配他的母亲，对她发号施令，也就是说，他总是随时随地以各种无礼的方式引起他人的注意。

虽然这个孩子给妈妈带来了很多麻烦，但他的本性并不坏。妈妈还是宽容他无礼的态度和行为，仍然帮他整理衣服，辅导功课。这个孩子相信妈妈总会帮他解决任何困难。显然，他是个聪明的孩子，也像其他儿童一样受到良好的教育。直到8岁，他在小学的成绩都相当不错。但这时候他发生了一些显著的变化，让他的父母难以忍受。他自暴自弃，毫不用心，懒散拖沓。一旦妈妈没有满足他的要求，他就揪妈妈的头发，拧她的耳朵，掰她的手指，不让她有片刻的安宁。他拒绝改正自己的行为方式，随着妹妹的长大，他愈加固守自己的行为模式。小妹妹很快就成为他捉弄的目标。虽然他还不至于伤害妹妹，但是他的嫉妒心是非常明显的。他的种种恶劣行为缘于妹妹的出生，因为从那时起，妹妹成了家人新的关注焦点。

特别需要强调的是，当一个孩子的行为开始变坏，或出现了新的令人不快的现象时，我们不仅应当注意这种行为开始出现的时间，还应当注意它产生的原因。这里使用"原因"一词时应该小心，因为我们一般不会意识到是妹妹的出生而导致哥哥成为问题儿童，但这种情况经常发生。原因在于这个哥哥对妹妹出生这件事所持有的态度不正确。当然，这不是严格意义上的物理学因果关系，因为我们绝不能宣称，一个孩子的行为之所以变坏与另一个孩子的出生有必然的因果关系。但我们可以说，落向地面的石头必然会以一定的方向和速度下落。而个体心理学所做的研究使我们有权宣布，在心理"下落"方面，严格意义上的因果关系并不起作用，而那些不时产生的大大小小的错误却在发挥作用。这些错误还会影响到个体的未来成长。

毫无疑问，人的心理发展过程中会犯错误，而且这些错误与其导致的结果密切相关，从而产生了个体错误的行为或错误的人生取向。这种错误的根源在于心理目标的确定——因为心理目标的确定和判断密切相关，一旦涉及到判断，就存在犯错误的可能性。目标的确定在童年早期就开始了。通常来说，儿童在2～3岁时就为自己确定了一个目标。这个目标总是在指引着他，激励他以自己的方式去追求。错误目标的确定通常缘于错误的判断。目标一旦确定就不会轻易改变，它会在不同程度上约束或控制儿童。儿童会以自己的行动落实目标，也会调整其自身生活，竭尽全力地追求和实现这个目标。

因此，儿童对事物的个体性的理解决定着他的成长，认识到这一点非常重要，儿童陷入新的困境时，他的行为常常会受制于自己已经形成的错误观念，认识到这一点同样也非常重要。正如我们所知道的，儿童获得印象的强度和方式，并不取决于客观的事实或情况（比如另一个孩子的出生），而取决于儿童看待和判断事实或情境的方式。这是反驳严格因果论的充分依据——客观的事实及其绝对的含义之间存在着必然的联系，但是，客观事实和对事实的错误看法之间绝对不存在这种必然联系。

我们的心理最为奇妙的地方是，决定我们行为方向的是我们对事实的看法，而不是事实本身。这种心理非常重要，因为对事实的看法是我们行动的基础，也是我们人格构建的基础。有一个经典的例子可以说明人的主观看法影响行动，那就是恺撒刚登陆埃及时发生的一个小故事。

当恺撒踏上海岸时被绊了一下，摔倒在地。这在罗马士兵眼里是不祥之兆。如果不是聪明的恺撒兴奋地张开双臂激动地喊道:"你属于我了,非洲"英勇无畏的罗马士兵肯定会掉头返回。

从中我们不难看出,现实自身的结构对我们行动所起的作用是微不足道的,现实对人的影响又受到我们结构化的、整合良好的人格的制约。大众心理和理性的关系也是如此:如果在一个对大众心理有利的环境中出现了人的健康的理性常识,这并不是说环境本身决定了大众心理或理性,而是体现了两者对环境自发的看法是一致的。通常,只有当错误的或荒谬的观点受到批判时,才会出现理性常识。

让我们再回到那个小男孩的故事中吧。我们可以想象,这个小男孩很快就会陷入困境。没有人会再喜欢他,因为他在学校没什么进步,依然我行我素,不断地去干扰别人,这就是他人格的完整表现。接下来他会怎么样呢?每当他骚扰别人时,他必然会受到惩罚。他会被记录在案,学校会向他父母寄送投诉信。如果还是屡教不改,学校就会建议他父母把这个孩子带回去,理由是他显然不适应学校的生活。

对于这种解决方法,小男孩可能比任何人都开心。别的方法他都不会喜欢。他的行动模式的逻辑连贯性再次体现了他的态度,虽然这是一个错误的态度,但是这个态度一旦形成,就不会轻易改变。他总想成为众人瞩目的焦点,这是他所犯的根本性的错误。倘若说他应该因犯错误而被惩罚,那么,他应该是因为这个错误(即想成为众人瞩目的焦点)而受到惩罚。因为这个错误，他总是不断地尝试让母亲以他为中心，因为这个错误，他俨然如一位君王，拥有绝对的权力长达8年之久，直到他突然被黜夺了王位。在他丧失自己的王冠之前，他只为妈妈而存在，他的妈妈也只为他而存在。后来他的妹妹出生了，占据了他在家庭中的位置，因此，他拼命地想夺回自己的王位。这又是一个错误。不过，我们不得不承认，他的本性并不坏。只有当儿童在毫无准备、又没有人指导的情况下，只有他独自挣扎着去应付的时候，这种恶劣的行为才会出现。我们在这里可以举个例子：一个只习惯别人把注意力集中在他自己身上的小孩，突然面临一个完全相反的情境：这个孩子开始上学，而学校里的老师对所有学生一视同仁。如果这个小孩要求老师给予更多的关注，他自然会惹怒老师。对于一个娇惯，但一开始还不那么恶劣，也不是无可救药的儿童来说，这种情境实在是太危险了。

  因此，这个案例中的小男孩的个人生活方式与学校所要求和期待的生活方式之间所发生的冲突我们很容易理解和解释。我们可以用图示来描述这种冲突，即如果我们用图来标示儿童人格的方向、目的与学校所追求的目的，我们会发现它们之间是不一致，甚至是相反的。儿童生活中的所有活动，都由其自身的目的所决定，他的整体人格不会让他偏离原有的目的，另外，学校则期望每一个孩子都能有正常的生活方式。两者之间的冲突就无法避免地产生了。但是，学校方面忽视了这种情境之下的儿童心理，既没有体现出管理上的大度，也没有采取措施设法消除冲突的根源。

我们知道，这个小男孩的行为受这样一个动机制约：他希望母亲只关心他一个人，为他一个人服务。他的心里期望能够独占母亲，而学校对他的培养目标则完全相反，他必须独立完成自己的事。人们形象地称这种现象好比给一匹烈马的脖子套上一辆马车。儿童在面对这种情形的时候，自然不能最好地表现自己。如果我们了解了他当时的真实处境，就能给他多一些理解和支持。惩罚是没有任何意义的，只能加剧孩子对学校的厌恶感。如果他被学校开除，那他会感到正中下怀。他把自己置于他错误的感知陷阱中，觉得自己获得了胜利，可以真正地控制母亲，母亲必须重新为他效劳，这正是他所期望的。

如果明白了真实的情形，我们就不得不承认，对孩子类似这样的错误给予惩罚，几乎没有任何意义。例如孩子上学忘记带书本，他知道无论什么时候忘记了什么，他母亲都会为他操心，给予他关注。因此，这绝不是一个孤立的行为，而是其总体人格图式的一部分。如果我们明白，一个人人格的所有表现都是形成一个密切相关的整体，那么，我们就会认识到这个小男孩的行为完全是与其生活方式保持一致的。孩子的行为与其人格保持一致这一事实也同时在逻辑上反驳了这样一种假设，即孩子无法胜任学校的任务是因为他智力迟钝。一个智力迟钝的人是无法一直按照自己的生活方式行事的。

这一案例还告诉我们，在一定程度上，所有人都与这个小男孩的处境相似。我们自己的生活方式以及对生活的理解从来不曾与社会传统完全保持一致。以前，我们曾把社会传统看作神圣不可侵犯的，现在我们已认识到，人类的社会制度和风俗，并没有什么神圣之处，也并不是亘古不变的。相反，它们总是处于不断的斗争和对抗之中。社会制度和习俗为了个体而存在，而不是反过来的。确实，个体的救赎存在于他的社会意识之中，但是，这并不是说，我们就可以强迫个体接受千篇一律的社会模式。

对个体和社会之间关系的思考是个体心理学的基础，同时，对学校和学校中难以适应的学生的处理有着特殊的意义。学校必须学会把儿童看作一个具有整体人格的个体，一块尚待雕琢的璞玉。学校还必须学会运用心理学的知识来对特定的行为进行评价和判断。学校不能把特定的行为看作一个孤立的音符，而是要把它看作整个乐章的组成部分，即整体人格的组成部分。

# 第3章
# 追求卓越及其教育意义

03
CHAPTER 3

除了人格的统一性外，人性另一个重要的心理事实是人们对卓越和成功的追求。这种追求与人的自卑感有着直接的关联。如果我们不感到自卑或自我感觉处于"下游"状态，我们就不会有超越当下的愿望。优越感与自卑感是同一心理现象的两个方面。在本章我们将会讨论追求卓越及其对教育发展的意义。

首先，人们可能会问，追求卓越是否和我们的本能一样是与生俱来的。我们对这一问题的回答是，这是一个不大可能的设想。其次，我们的确不认为追求卓越是与生俱来的，但是我们必须承认，追求卓越是需要一定的生物基础的，这种基础存在于胚胎之中，并具有一定的发展的可能性。

当然，我们知道人的活动局限于一定范围之内。对于某些能力，人是不可能达到的。例如，我们不可能拥有狗的嗅觉，我们的肉眼也不可能看到紫外线。不过，我们拥有某些可能继续发展和培养的功能性能力。我们可以从这些能力的进一步发展中看到追求卓越的生物学前提，也可以从中看到个体人格心理形成的源泉。

正如我们所知道的那样，在任何环境下儿童和成人都有这样一种追求卓越的强烈冲动，并且这些冲动是无法避免的。人的本性无法忍受长期的屈从，被轻视的感觉、不安全感和自卑感总是会唤醒人们攀登最高一级目标的愿望，从而获得补偿，然后臻于完美。

实验表明，儿童的某些特征是环境作用的结果。在某种环境下，儿童感受到了自卑、脆弱和不安全后，这些感觉反过来又对儿童的心理产生影响。于是儿童下决心摆脱这种状态，努力达到更高的水平，以便获得一种平等甚至更加优越的地位。孩子这种向上的愿望越强烈，他就会将自己的目标定得越高，从而证明自己的力量。不过，这些目标常常又超出了人本身的能力界限。由于儿童小时候能够获得来自不同方面的支持和帮助，这便刺激了他们设想自己未来有可能成为一种类似上帝的人物。我们发现，他们本身也会被一种成为类似上帝的人物的想法所控制，而那些自我感觉特别脆弱的儿童身上也常常会发生这种现象。

在这里我们以一个心理问题严重的14岁男孩为例来说明上述情况。在我们让他回忆童年时，他说，他在6岁的时候因不会吹口哨而非常难过。不过，有一天当他走出房间时，他突然会吹了。当时他非常震惊，并真心相信这是上帝附身的结果。这个案例也清楚地表明，脆弱感和想象自己是上帝式的大人物之间存在着某种内在联系。

追求卓越与一些明显的性格特征联系在一起。我们可以通过观察一个孩子对卓越的渴望来发掘他的全部野心。如果这种自我肯定的愿望太过强烈，那么他总会表现出一定的嫉妒心。这种类型的儿童很容易有这样的心理，他总是希望其竞争对手遭受某种厄运。他不仅怀有这种阴暗心理（这通常会引起神经方面的疾病），而且还会付诸行动，给对手制造伤害，甚至带有明显的犯罪特征。这样的孩子会通过造谣中伤、泄露隐私来诋毁同伴，从而抬高自己的身价，特别是有他人在场的时候。如果这种权力欲望太过强烈，他甚至会有报复心理。他们总是摆出一副好斗和挑衅的姿态，然后眼露凶光，有时会突然发怒，随时准备和想象中的对手搏斗。对于这些追求卓越的孩子们来说，参加考试也是一件相当痛苦的事情，因为这会轻而易举地暴露他们的"价值"。

这个事实也表明，考试必须适应学生的心理特点。它对于每个学生而言都是不同的。我们经常会发现，考试对于有些学生是一件非常困难的事情，参加考试时，他们的脸色一会儿发白，一会儿发红，还说话结巴，身体颤抖，大脑似乎也是一片空白。在回答问题时，有些学生也只愿意与别人一起而不想单独回答，因为他害怕别人看着他。儿童追求卓越的心理在游戏之中也同样有所表现。例如，在玩马车的游戏里，那些具有追求卓越心理的儿童不愿意扮演马匹，而是想扮演车夫，成为领导者，决定马车的前进方向。如果他们不

## 第 3 章　追求卓越及其教育意义

能担当这个领导（车夫）角色，他们就试图扰乱其他人的游戏，并以此为乐。此外，如果他们接二连三地受挫，并因此丧失了勇气，那么他们在面临新的情况时就会退缩，而不是勇往直前。

那些雄心勃勃、尚未放弃的儿童，则乐于参与各种能参与的竞争性游戏。不过，他们在遭受挫折时也会表现出恐慌和无所适从。我们可以从孩子喜欢的游戏、故事和历史人物中看出他们自我肯定的方向和程度。就成年人而言，我们经常看到对拿破仑的崇拜，他非常适合作为雄心勃勃的人的榜样。白日梦中的狂妄自大总是一种强烈的自卑感的表现，这种自卑感会刺激失望的人在现实之外的感觉中寻找满足和陶醉。类似的事情经常发生在梦中。

如果我们进一步考察这些儿童追求卓越的不同方向，就可以把他们分为不同的类型。当然，这种区分不可能非常精确，因为儿童在追求卓越方面的差异太大，而我们主要是凭借儿童表现出来的那些行为来进行区分。

那些心理健康的儿童会把自己对卓越的追求转变为前进的动力。他们试图去取悦老师，并且注重自身的整洁，同时也遵守秩序，最终成为一个正常的学生。不过，经验告诉我们，这样的儿童只占其中的一小部分。另一些孩子则总是想优于别人，并把这作为首要目标，表现出一种令人诧异的执着。这种卓越夹杂的雄心过重，但是这点通常会被忽略。因为我们习惯于将雄心视为一种美德，并激励孩子做更多的努力。但这是错误的，因为过分的雄心会给孩子带来紧张心理，妨碍孩子的正常成长。短时间内孩子尚能承受，时间一长这种压力就太大了。因为这样一来，孩子会花太多的时间在书本上而忽视了其他活动。通常由于受膨胀雄心的驱使，他们对其他问题会采取回避的态度，总想在学校名列前茅。对于孩子的这种成长方式，我们很难感到满意，因为在这种情况下，儿童的身心不可能获得健康发展。

这类儿童把他们生命的目标仅仅局限于超越别人，甚至根据这个来安排他们的生活，这对他们的正常发展可以说十分不利。这个时候，我们需要时不时地提醒他们不要在书本上花费太多的时间，要经常出去走动，呼吸新鲜空气，多与同伴们玩耍。

此外，还会出现同一个班级里两个同学暗中较劲的情况。如果有机会对此进行仔细观察，我们就会发现，这两个相互较劲的儿童会形成一些令人不太喜欢的性格特征。他们会表现出妒忌的性格，而独立和谐的人格则不会有这种品质。妒忌的孩子看到别的孩子获得成功，会感到非常恼怒，甚至当其他人处于领先位置的时候，他们就开始有头疼、胃疼之类的毛病；当其他的孩子受到表扬时，他们会愤怒地走开。当然，他们也从不会去称赞别人。这种妒忌充分反映出这类孩子的雄心过重。

## 第3章 追求卓越及其教育意义

  这种类型的孩子和玩伴不能友好相处。因为在玩游戏时，他总想扮演领导者的角色，也不愿意去遵守相应的游戏规则。这样做的结果就是他们在集体活动中无法体会到乐趣。他们以高傲的态度对待同班同学，跟同学的任何接触都令他们不愉快。因为在他们看来，跟同学接触得越多，他们的地位就越不安全。这种类型的儿童对自己从来没有信心。当他们感到自己处于不安全的环境中时，极易方寸大乱。信心越不足，雄心越重，压力就越大，以至于无法承受。

  这些孩子的家庭对他们的期望，孩子们自己也能深切地感受到。他们怀着兴奋和紧张的心情去完成摆在他们面前的每一项任务，因为他们的眼前总有一种超越他人、成为一盏"明灯"的愿景。他们感到自己肩负着重新赋予他们的希望，只要环境有利，他们就会肩负起这个责任。

  如果我们掌握了绝对真理，掌握了可以使儿童免遭困难的完美方法，也许就不会有问题儿童了。既然我们无法拥有这样的完美方法，我们也无法为儿童创建理想的学习环境，那么对这些孩子"有害的期望"就是一件非常危险的事情。这些孩子遇到困难的感受与那些拥有健康期望的儿童完全不同（我们这里所说的困难是指不可避免的困难，一方面是因为我们的教育方法并不适合每个儿童，需要不断地改进；另一方面是因为过分的雄心会使儿童丧失信心）。那些有雄心的孩子会丧失面对困难和解决问题的勇气，而勇气是解决困难所必需的。

　　雄心过大的儿童只关心最终的结果，即人们承认他们的成绩。如果没有别人的承认，他们自己就没办法感到满足。众所周知，问题出现时，保持心理平衡要比认真着手解决问题更加重要。一个只关心结果、雄心过大的儿童是认识不到这一点的。他认为，没有别人的认可和崇拜，他就没法活下去。这种心理依赖和过于看重别人评价的儿童，不在少数。

　　我们可以从那些天生有器官缺陷的儿童身上看到，不对自身价值问题丧失平衡感是多么重要。许多儿童身体的左半部要比右半部发育得好，人们很少知道这一点。在我们这个右撇子的文化中，左撇子儿童遇到了很多困难。我们会发现，左撇子儿童在书写、阅读和绘画方面遇到特别多的困难，在双手的运用方面显得十分笨拙，他们似乎有"两只左手"。我们需要借助一定的方法来确定儿童是左撇子，还是右撇子。一个简单但不精准的办法是要求儿童双手交叉，左撇子儿童会把左大拇指放在右大拇指上面。我们会惊奇地发现，竟然有这么多人是天生的左撇子，而他们自己竟然完全不知道。

　　如果我们对大量左撇子儿童的生活史加以研究，就会发现这样一些事实：这些儿童常常都被视为笨拙（在我们这个以右手为主的世界中并不新奇）。要体会这其中的情形，我们只需想象一下习惯靠右道行驶的我们在一个靠左道行驶的城市（如在英国或阿根廷）试图开车穿越街道时内心的慌乱。如果家庭其他所有成员都是右撇子的话，左撇子不仅给自己的生活带来麻烦，也干扰了家人的生活，在学校学习写字时，左撇子在这方面的能力也比平均水平要低。因为没有人理解其中的真正原因，所以他经常被斥责、受惩罚、得低分。在这种情况下，左撇子儿童只能把这理解为他在某些方面要比别人差。他会感觉被贬损和蔑视，感到没能力与别人竞争。他在家里同样会因笨拙而受到斥责，这更加重了他的自卑感。

当然，左撇子儿童不会因此一蹶不振。但是，我们会看到许多儿童在类似的情形下就不再努力。他们不清楚自己真实的处境，也没有人向他们解释如何去克服这些困难，因而这会使他们继续努力尝试掌控自己的处境。许多人字迹潦草甚至难以辨认，其实也可以归于上述原因，而他们也从未充分地训练过自己的右手。事实上，这方面的困难是可以克服的。在许多一流的艺术家、画家和雕塑家当中，很多人是天生的左撇子。他们通过强化训练，获得了善用右手的能力。

一方面，有一种迷信说法认为，天生的左撇子如果通过后天的训练来使用右手，就会说话结巴。其实，这可能是由于左撇子儿童有时面临的困难太大，以致丧失了说话的勇气。这也是为什么心理有问题的人（如神经症患者、自杀者、罪犯、性变态者等）中有很多是左撇子。另一方面，我们也经常会看到，那些克服了左撇子困难的人也可以取得成就，这种情况经常出现在艺术领域。

左撇子特征告诉我们，我们应该努力增加孩子面对困难时的信心和勇气，否则我们就无法判断孩子的能力和潜力。如果我们鼓励他们，他们也许就会取得更多更大的成就。如果我们吓唬他们甚至夺走他们对美好未来的希望，即便他们能够继续生活下去，但也不是我们所期待的那种结果了。

怀有过度雄心的孩子之所以处境艰难，是因为人们常常以外在的成功来评判他们，而不是根据他们克服困难的能力来评价他们。在当前社会，人们关注更多的是可见的成就，而不是全面彻底的教育。我们知道，那种不经努力获得的成功是很容易消逝的。因此，训练孩子野心勃勃并没有什么好处。相反，培养孩子的勇敢、坚忍和自信却尤为重要，要让他们认识到，面对挫折不能气馁，也不能丧失勇气，而是要把挫折当作一个新的问题去解决。当然，如果老师能够准确地判断孩子在某个领域的努力是否有希望，那么这对于孩子的成长和发展就更加有利了。

孩子对卓越的追求会体现在他的某一个性格方面。这些孩子对卓越的追求最初只是表现为争强好胜，不过，超越那些已经远远走在了前面的孩子似乎是不可能了，那些争强好胜的人最终会放弃尝试。

许多老师采取非常严厉的措施，或者给那些在他们看来没有表现出足够雄心的学生较低的分数,并希望以此来唤醒他们。如果这些孩子仍然还有勇气的话,这种方法倒也可能短期内奏效,不过,它不适宜普遍使用。那些学习成绩已经跌至警戒线的孩子会被这种方法弄得完全乱了方寸,甚至因此陷入明显的愚笨状态。

但是,要是我们能以关心和理解的态度来对待这些孩子,他们就会表现出一些我们意想不到的能力。以这种方式转变过来的孩子通常会表现出更大的雄心,其原因很简单:他们非常害怕再回到原来的状态。过去的无所作为成为他们的警示信号,不断鞭策着他们继续前进。以至于在后来的生活中,他们中的许多人就如同着了魔似的,完全变了个样子,他们夜以继日,饱尝过度工作之苦,却还认为自己做得不够。

个体心理学的基本思想是,个体的人格(包括成人和儿童)是一个统一体,这种人格的行为表现和个体逐渐形成的行为模式是保持一致的。以此为依据,上面的一切就变得清晰了。脱离行为者的人格来判断他的某一行为是没有任何意义的,因为每个行为都可以从不同方面来解释。如果我们把学生的一种特定行为(比如上学拖延)理解为他对学校布置的任务做出的难以避免的反应,那么,对这个具体行为进行判断的确定性就不存在了。孩子的这种反应只是意味着他不想上学,也不想努力完成学校的任务。实际上,他会想尽办法不遵从学校的要求。

从这种观点出发，我们就可以理解所谓的"坏"孩子了。他们之所以不想上学，是因为他们追求卓越的心理非但没有成功地转化为学校的要求，反而对学校的要求有所抗拒。于是，他表现出一系列相应的行为特征，逐渐陷入不可救药的地步。他越来越乐于当一名小丑，捣蛋戏谑、引人发笑。甚至有时候他还会招惹同学、旷课逃学、与社会上不三不四的人混在一起。

由此我们可以看出，我们不仅掌控着学生的命运，还决定着他们未来的发展。学校教育对个体的未来生活起着决定性的作用。因为学校教育处于家庭教育和社会教育之间，它有可能矫正孩子在家庭教育中受到的不良影响，也有责任为他们适应社会生活提前做好准备，以确保他们在社会这个大乐队中和谐地演奏好自己的乐章。

从历史的角度来考察学校的作用，我们就会发现，学校总是试图按照各个时代的社会理想来教育和塑造个体。在不同的历史阶段，学校曾经先后为贵族、教士、资产阶级（即中产阶级）和平民服务，也总是依照特定时代的标准来教育儿童。今天，为适应变化了的社会理想，学校也必须做出相应的改变。因此，如果当今社会里一个理想的人是独立、能够自我控制和勇敢的人，那么学校就必须做出相应调整，培养与这种理想相符合的人。

换句话说，学校不能把自身视为教育的目的。学校必须明白，它是在为社会而不是在为自己培育学生，因此学校不应该忽视任何一个学生。也许这些学生追求卓越的心理并不比那些正常的儿童弱，他们只不过把注意力转移到其他不需要太多努力的事情上去了。他们相信这些事情更容易获得成功（这可能是因为他们以前曾无意识地在这些领域进行过探索并获得过成功）。也许他们不能在数学上取得优异成绩，但他们可以成为运动场上的健将。因此，老师千万不要忽视这些孩子的成绩，而是要把这些成绩当作教育的突破口，鼓励学生在各个领域追求成功。如果老师一开始就从孩子的长处出发，鼓励并相信他们可以取得成绩，那么老师的任务就轻松很多。这就像是把孩子从一个硕果累累的果园引入到另一个硕果累累的果园。因此，既然所有孩子（智障儿童除外）都具备取得成功的能力，那么学校要做的仅仅是克服各种人为设置的障碍。而这些障碍的出现主要是因为学校把抽象的学业成绩作为评判标准。当然，从学生方面来看，这些障碍还反映出学生缺乏自信，因此他们对卓越的追求便偏离了对社会有益的活动。因为在这些对社会有益的活动中，他们无法获得他们孜孜以求的卓越。

在这种情况下，儿童会如何反应呢？他们会想到逃避。我们经常会发现，这些孩子会做出一些特别的行为（如顽固和无礼），这些行为自然不会赢得老师的赞扬，却可以吸引老师的注意力以及其他孩子的崇拜。因此他们会把自己视为了不起的英雄人物，从而获得他们的优越感。

这些心理表现和偏离规范的行为是在学校中暴露出来的。它们的根源其实并不全部在学校。从积极的方面来说，学校对这些问题负有教育的义务；从消极的方面来说，学校仅仅是孩子家庭教育弊端暴露的场所而已。

一个称职的老师会在小孩入学的第一天就敏锐地观察到很多东西。因为很多儿童会立马暴露出被溺爱的特征，他们觉得新环境（学校）带给他们的是痛苦。这种孩子没有与人打交道的经验，他们不愿或不能获得友谊。在入学之前，孩子最好已经拥有一些如何与人交往的知识，比方说他不能只依赖一个人，而把其他人排斥在外。

对于这些在家中被过分溺爱的孩子，我们不能期望他们马上就能专心于学校的学习。事实上，他们心中没有"学校意识"，他们愿意待在家里而不愿上学。当然他们厌恶上学的迹象是很容易被发现的。例如，每天上学之前父母哄劝他们起床，催促他们吃早饭的时候，他们总是会磨磨蹭蹭。

这种情况的矫正同解决左撇子的问题一样：我们必须给他们足够的时间去学习和改正。如果他们上学迟到，我们不能惩罚他们，因为这只能使他们更加不喜欢学校，更加认定他们不属于学校。强迫他们上学，他们会寻找其他方法来应对，并且这些方法只是为了逃避困难，而不是面对和解决困难。我们可以从孩子的每个动作中看出他是否厌恶学习。如果我们看到一个孩子经常忘记或丢失书本，我们完全可以肯定，他在学校并不如意。

进一步考察我们会发现，这些孩子对获得最微小的学业成功都不抱希望。这种自我低估的责任并不只在他们自己，周围的环境对他们走入这条错误的道路也起着作用。家人在发怒的时候可能会预言他们前景暗淡，甚至骂他们愚笨。他们在学校的经历也似乎在证实这些"预言"，而他们自身也缺乏纠正这种错误看法的判断分析能力，他们在做出努力之前就已经放弃了。他们把这看作不可跨越的障碍，并把它们视为自己无能的证据。

错误一旦发生，矫正的可能性就很小。虽然这些儿童做出了努力却还是落后，他们很快就会放弃努力，并转向寻找各种借口来解释他们旷课的原因。旷课，通常被视为一件非常严重和非常危险的劣行，是要受到严厉责罚的。于是，孩子会认为自己是被迫才使用计策来蒙骗父母和老师的。他们会伪造家长签字，篡改成绩单，向家里编造一系列他们在校的谎言，而实际上他们已经逃学好长一段时间了。因为逃学，他们追求卓越的心理也不可能得到满足。这就驱使他们采取更激烈的行动，如违法行动，来追求卓越。这样一来，他们一个错误接着一个错误地向前，最终走向了犯罪。

我们发现，一个有犯罪倾向的孩子同时也会极端地自负。这种自负和野心有着相同的根源，它迫使这种孩子不断以某种方式来凸显自己。当他们不能在生活中的积极方面寻得一席之地的时候，就会转向生活中的消极方面。

　　从事与教育有关的工作者都熟悉这样一个值得关注的事实，即我们经常会在老师、神父、医生和律师的家里发现败坏和任性的孩子。这种情况不仅在职业声望不高的教育者家庭中发生，也会在那些我们认为是重要人物的家庭中发生。尽管他们拥有较高的职业权威，不过，他们似乎没有能力为自己的家带来和平的秩序。对于这种现象的解释是，在所有类似的家庭中，某些重要的观点不是被忽视了，就是完全没有被理解。其中部分的原因是这些作为教育者的父母借助他们自以为是的权威把一些严格的规定强加给他们的家庭。他们非常严厉地要求自己的孩子，威胁到孩子的独立，甚至剥夺了他们的独立。他们似乎唤起了孩子身上的反抗情绪，唤起了孩子对记忆中责罚的报复。我们应该记住，父母刻意的教育会使他们特别关注甚至监视自己的孩子。在绝大多数的情况下，这是一件好事。但是，这也经常使孩子总想成为被关注的焦点。如此一来，这些孩子很容易把自己看作一种用来展示的试验品，并认为他人应对此承担责任，因为他人是操纵的一方。这些孩子认为，其他人应该为他们克服任何困难，只有他自己不需要负任何责任。

# 第4章 引导追求卓越的努力

**04**
CHAPTER 4

众所周知，每个孩子都会去追求卓越，而教育者的任务就是把这种追求引向富有成就和有益的方向，并确保这种追求给孩子们带来的是精神健康和幸福，而不是精神疾病和不幸。

那么，区分有益的和无益的卓越追求的标准又是什么？标准就是看它是否符合社会利益。很难想象，有哪一个值得称道的成就与社会是不相关的。不论对行为者自身还是社会，那些高尚伟大的行为都是具有价值的。因此，教育者要培养孩子建立这种社会情感，或者说，要加强孩子认识与社会一致的意义。否则，孩子对卓越的追求会偏离对社会有益的方向，最终成为问题儿童。

当然，人们对于什么对社会有益的看法不尽相同。不过，可以肯定的一点是，正如我们可以通过树所结的果实来判断这棵树的优劣一样，我们可以通过某一行为的结果来判断它是否对社会有益。事物的普遍结构是对行为进行价值判断的标准。这种评价技术十分复杂。因为行为的结果与这种标准的契合程度一时很难看清，只有随着时间的推移才会逐渐清晰。例如，政治变革、社会变迁的价值效果，总会饱受争议，要经过历史车轮的碾压，才会盖棺定论。不过幸运的是，在日常生活中，我们并不总是需要运用如此复杂的评价技术来对某一行为结果进行判断。然而，值得注意的是，从科学的角度出发，我们绝不应该认为某种行为对所有人都是有益的。因为这关乎绝对真理及人们对人生问题的正确解决，而人生问题同时也受地球、宇宙和人际关系的逻辑制约。这种客观宇宙和人类宇宙的制约就如同一道数学题，放在我们面前，虽然我们不一定能够解决它，但是答案就隐藏在问题自身之中。我们只能通过参考问题和问题解决的背景来探讨解决方法，并判断这种解决方法是否正确。遗憾的是，我们检验某种解决方法的时机可能会姗姗来迟，以致我们不再有时间去纠正某个错误。

因为人们不能以一种逻辑的、客观的观点来审视自己的生活结构，所以大部分人不能理解自己行为模式的关联性和一致性。问题一旦出现，他们就会陷入恐慌，而不是想办法面对和解决问题。他们会认为因为他们走错了路，所以才出问题。值得注意的是，对于孩子来说，一旦他们偏离了对社会有益的方向，他们就无法从消极的经验中获得积极的教训，因为他们完全无法理解问题的意义。因此，我们有必要教育儿童把自己的生命视为一种贯穿所有相互关联的事件的线索。任何事件都是在个体的整体生命这个大背景下发生的，而且只有参照所有以往的事件才能完全理解。儿童只有理解了这一点，才能够理解他偏离正道的原因，才能从消极的经验中获得积极的教训。

在对追求有益和无益的卓越之间的差异作进一步探讨之前，先来探讨一种似乎与理论相矛盾的行为——懒惰行为。乍看之下，懒惰似乎与"所有儿童天生就有一种追求优越心理"的观点相矛盾。我们责备懒惰儿童，就是因为他们没有表现出追求卓越的渴望和雄心。不过，如果仔细观察他们，我们就会发现这种普遍流行的观点是错误的。懒惰的儿童其实正在享受懒惰的好处。懒惰的儿童不需要背负别人对他的期望，不需要努力，总表现出一种无所谓和闲散的样子，他即使没有什么成绩，也会在一定程度上得到人们的谅解。不过，他的懒惰却使他成为人们关注的对象，最起码他的父母要为他操心。想想看，有多少孩子为了引起别人的注意而不惜代价。这样我们就会明白，这些孩子为什么会通过懒惰来达到引人注意的目的了。

当然，心理学对懒惰的解释并不全面。许多儿童懒惰是为了缓解他们的处境。他们可以把目前的无能和无所成就归因于懒惰，人们也很少指责他们能力不够，孩子的家人甚至会说："如果他不懒惰，他什么都能干！"孩子对这种说法也暗自窃喜，因为这对缺乏自信的他们来说是一个不错的借口。此外，这种说法还成了一种成就补偿，这对孩子和成人都是如此。这个富有欺骗性的"如果句式"（如果他不懒惰，他什么都能干）使得他的毫无成就变得理所当然。一旦这个孩子取得某些成就，这些微小的成就就与他之前的毫无建树形成鲜明对比，因此受到人们的极力赞扬。而其他那些一直埋头努力的孩子虽然取得了更大的成绩，但受到的赞扬却未必更大。即使是犯同样的错，人们对于懒惰者的批评也总比其他孩子要温和得多。

很明显，懒惰的背后通常隐藏着不为人知的"权谋"。懒惰的孩子就像走钢丝的人，他们行走的钢丝下面总是张着保护网，这样即使他们掉下去，所受的伤害也会大大减小，甚至完全没有受伤。显然，说他们很懒要比说他们无能所带来的伤害小。简单来说，懒惰是那些缺乏自信的人的一种自我保护屏障，但同时也阻碍了他们努力去解决所面临的问题。

而当前的教育方法却对懒惰的孩子无计可施，相反，这些方法恰好满足了他们的期待。人们越是责备一个懒惰的孩子，就越是正中他的下怀。因为不停的责骂转移了人们对他能力问题的注意，而这正是他一直期望的。惩罚也具有同样的效力。老师总是相信惩罚可以使他们改正，但总是以失败告终。即使是最严厉的惩罚也无法使一个懒惰的孩子变得勤快起来。

如果孩子真的发生了转变，那也只是因为他的处境发生了变化。例如，这个孩子意外地取得了某项成功，或者原来严厉的老师不再教他，新来的老师比较温和，同时又理解他。新老师与他认真地谈话，给了他新的勇气，而不是削弱和打压他已所剩无几的信心。在这种情况下，孩子会突然变得勤快起来。我们还常常会遇到这样一种情况：一些孩子在入学头几年学业一直停滞不前，但换了一个新的学校后就非常勤奋努力。这主要是因为学校环境改变了。

有些孩子并不是采用懒惰而是装病的方法来逃避学校的学业任务。有些孩子则在考试期间表现得异常紧张，因为他们认为他们会因此而受到某些照顾。同样的心理还表现在爱哭的孩子身上，哭喊和精神紧张都是他们获取特权的手段。

还有一些因为某种缺陷而要求特殊照顾的儿童，他们也属于上述这种心理类型，比如口吃。几乎所有的儿童在刚开始学说话的时候，都有些轻微的口吃。众所周知，儿童说话能力发展的快慢要受多重因素影响，首要因素就是儿童社会情感的发展状况。和那些社会意识较弱、不愿与人接触的儿童相比，社会意识较强、乐于与别人交往的儿童的说话能力发展得会更快一些，也更容易一些。如果有些孩子在4岁或5岁的时候还没有学会说话，家长就会开始担心孩子是否患有聋哑病，但经过听觉测试后，这个可能性就被排除了，因为孩子的听力很好。

继而，人们会注意到这些儿童确实生活在一个"说话是多余"的环境之中。我们知道，在有些场合，对于孩子来说，说话是多余的。例如，有些被过分保护和溺爱的儿童往往在他有机会说出自己的愿望之前，他们的家人就已经猜到并满足了他们的要求（就像人们对待聋哑儿童那样）。如果我们把一切都放在"银盘子"里，给这些孩子奉上，那么他们就不会感到开口说话的需要有多么迫切，自然就很晚才会学会说话了。孩子的语言体现了他们对卓越的追求和这种追求的方向。因此，儿童需要用语言来表达自己对卓越的追求，无论这种表达是用来愉悦父母，还是用来满足自己的某种需求。如果这两种方式都不可能，那么，我们自然就会想到孩子语言能力的发展是否出现了障碍。

儿童还可能遇到其他的语言障碍，例如，他们不能正确发 R、K 和 S 等辅音。所有这些语言障碍都是可以矫正的。值得注意的是，有许多人在成年后仍然口吃、咬舌，或者吐字含糊不清。

随着年龄增长，绝大多数儿童的口吃会逐渐消失。只有一小部分孩子需要接受矫正治疗。从下面一个 13 岁男孩的案例中，我们就会发现治疗的过程是多么的困难。

男孩在 8 岁的时候开始接受治疗。治疗持续了整整一年，但并没有成功。于是男孩在接下来的一年里停止专业治疗。第三年，男孩又接受了另一名医生的治疗。但是，这一整年的治疗依然没有使男孩的口吃病得到根除。第四年男孩再度停止了治疗。第五年的头两个月，又有一个语言教育家来对男孩进行治疗，不过情况非但没有好转，反而更加恶化。一段时间以后，这个男孩又被送到专门的机构进行治疗。两个月后治疗有了效果，但六个月后，口吃又复发。

后来，这个男孩的口吃仍然如此恶性循环，始终得不到根除。

治疗的主要方法是高声朗读，缓慢说话，做若干练习等。其中值得注意的是，一定程度的激动会使口吃在短时间内好转，但是时间一久，口吃又会复发。在生理上，这个男孩没有什么器官缺陷。他是个左撇子，小时候曾经从二楼摔下来，得过脑震荡。12岁的时候，他的左脸发生过中风。

性格方面，曾教过这个男孩一年的老师是这样形容他的："教养良好、勤奋、容易脸红、有点神经质。"据这个老师说，考试的时候，男孩会变得非常紧张。他特别喜欢体操和体育竞赛，并对技术活动有浓厚的兴趣。他完全没有领导者的特质，但能与同学友好相处，不过，有时会与弟弟吵架。

家庭环境方面，他爸爸是个商人，易怒，每当男孩口吃，他就严厉斥责他。虽然如此，男孩还是更怕他的妈妈。而且，他还认为自己的妈妈不公平，因为她更疼爱他的弟弟。他有个家庭老师，因而很少有自由时间，这令他非常苦恼郁闷。

基于这些事实，我们可以提出这样的假设：男孩的脸红似乎和他的口吃习惯密切相关。因为男孩容易脸红表明一旦和别人交往，他内在的紧张就会增加。而即使是他喜欢的老师也不能使他摆脱口吃，因为他的口吃习惯已经在他的大脑中机械化了，他拒绝任何人来改变自己这种习惯。

口吃的根源不是口吃者所处的外在环境，而是他感知外在环境的方式。他的敏感和易怒心理在这当中充当了重要角色。口吃并不表明他是消极被动的，相反，恰恰说明了他对卓越的承认和追求。这种承认和追求体现在他的敏感和易怒之中。个性脆弱的人通常也是如此。只和自己的弟弟吵架显示了他的灰心和气馁，考试前的激动显示了他内心紧张的增加，他担心自己不能成功，也担心自己天分比别人差。强烈的自卑感使得他对卓越的追求走上了一种对社会和自己无益的方向。

这个男孩倒是愿意上学，因为比起学校，家里的环境更令他不开心。在家里，他的弟弟是大家关注的焦点。他的弟弟对他影响很大，因为是弟弟将他挤到了家庭的边缘。他的身体受伤或受到惊吓的经历不大可能是导致他口吃的原因，但是，这些不幸的经历对他丧失勇气确实也有消极作用。另一件值得注意的事情是，这个男孩到8岁还在尿床。尿床症状通常发生在那些原先是被溺爱、后来又被剥夺"王冠"的孩子身上。尿床是一个信号，表明他无法接受被冷落的境遇，即使在夜间也在争夺母亲的注意力。

这个男孩的口吃是可以治愈的，只要我们鼓励他，培养他独立。我们还可以让他做一些他能够完成的任务，让他能在这些任务的完成中树立自信心。这个男孩承认，弟弟的出生让他不愉快。因此，我们必须让他明白，是嫉妒让他走向了错误的方向。

对于伴随口吃的症状，还有许多有待说明。例如，当口吃者激动的时候，情况又会如何？很多口吃者在发怒骂人的时候，就完全不会口吃。年长一点的口吃者在背诵和恋爱的时候，通常也不会口吃。这个事实说明，口吃者与他人的关系是他是否口吃的关键因素。也就是说，当口吃者必须与别人接触，建立关系，并必须借助语言来表达这种关系的时候，他的紧张就会增加，口吃就会缓解或消失。

如果儿童在学习说话的时候没有任何困难，那么就没有人会对他的进步给予特别关注，而如果他在这方面存在问题，他就会成为家里谈论的焦点。家庭会特别为这个孩子操心。孩子自己也会过分关注自己这个问题，他会有意识地控制自己的表达。相反，正常说话的儿童则不会这样。我们知道，有意识地控制自己的动作会引起功能的紊乱。梅林克的童话《癞蛤蟆的逃脱》就是说明这种情况的经典例子。癞蛤蟆遇到一个长有千足的动物，并马上注意到这个千足动物有种值得关注的能力——能很好地支配 1 000 只脚先后迈出的顺序。于是癞蛤蟆问:"你能告诉我你行走的时候最先迈哪只脚,又如何先后迈出其他999只脚吗?"千足动物开始思考,并观察自己脚的运动,想弄清楚如何依次迈出自己的脚,结果最后它被弄糊涂了,竟连一只脚也迈不出去。

虽然弄清楚生命过程是非常重要的,但是,试图去控制生命的每一个运动是有百害而无一利的。只有任凭身体自由挥洒,我们才能创造出艺术作品。

尽管口吃对于孩子的将来有着灾难性的影响,尽管家庭对于口吃儿童的同情和额外关注不利于其成长,但是,还是有许多人宁愿寻找借口去遮掩,也不愿努力改善现状。

孩子特别喜欢依赖别人,并通过明显的劣势来保持他的优势。巴尔扎克的一个故事就很有力地说明了这一点。故事中的两个商人都想尽办法占对方的便宜。于是,在相互讨价还价的时候,其中一个商人开始说话结结巴巴,希望通过口吃来赢得计算盈利的时间。识破这一诡计后,他的对手马上就找到了对策——他突然装作耳聋,似乎什么都听不见。由于口吃者不得不努力让对方听明白,因而便处于了劣势。这样双方就扯平了。

尽管口吃者有时会利用这种口吃习惯来争取时间,但是我们仍然不应该像对待罪犯那样对待他们。我们还是要友好地对待他们,鼓励他们。只有友好的启发、积极的鼓励才能增强他们的勇气,才能使他们完全康复。

# 第5章

# 自卑<sup>⊖</sup>情结

## 05
**CHAPTER 5**

---

⊖ 自卑的意思是低估自己的能力，觉得自己各方面不如人。自卑，可以说是一种性格上的缺陷。表现为对自己的能力、品质评价过低，同时伴有一些特殊的情绪体现，诸如害羞、不安、内疚、忧郁、失望等。——译者注

在每个人身上,自卑感和追求卓越都是密切相关的。人之所以追求卓越,是因为他感到自卑,力图通过追求富有成就的目标来克服这种自卑感。只有当自卑感阻碍了这种追求,或当它由于器官缺陷而加剧到使人无法承受的程度时,自卑感才会衍变成自卑情结,衍变成一种心理问题。自卑情结是指一种过度的自卑感,它促使人们去寻求唾手可得的补偿和富有欺骗性的满足。同时,这种自卑情结放大困难,消解勇气,从而将通往成功的道路堵死。

这里可以运用前一章那个患口吃的13岁男孩的案例来说明。这个男孩持续口吃,有一部分是因为他的灰心失望,而他的口吃反过来又强化了他的这种状态。这就造成了通常所说的神经性自卑情结的恶性循环。自卑情结压迫着男孩,他想把自己藏匿起来,不想与人交往。他甚至放弃了希望,想去自杀。但从另一方面来说,口吃成了他生活模式的表达和延续,也使他成为周围人所关注的中心,这从某种程度上又缓解了他内心的困惑。

这个案例富有启发性,因为这个男孩生活的主体还是朝着对自己和社会有益的方向发展的。男孩制定的人生目标相当高远，他期望自己成为一个举足轻重的人物。他总是在追求认可，追求声望，因此，他必须表现得友好和善，必须把自己的工作做得有条不紊。但是，以防万一，他还必须为自己的失败找个情有可原的借口——口吃。尽管积极向上，但在这一阶段，男孩的判断力和勇气依然在遭受破坏。

当然，口吃只是这些丧失勇气的孩子所采取的众多手段之一。这些手段对于这些孩子来说就像大自然赋予动物的利爪和锐角，是用来保护自己的。这些孩子认为，没有这些本不属于他们的手段，他们就无法应对生活。他们也不相信可以依靠自己的天赋和努力来取得成功。不难看出，是他们的脆弱和绝望促使他们采取了这些手段。有些孩子不去控制自己的大小便，这表明他们不想告别自己的婴儿时期，不想告别那种没有任何烦恼的日子。这些大小便失禁的孩子中只有很少人的确患有大肠和膀胱的毛病。他们使用这些伎俩是为了得到家长和老师的同情，尽管有时也会遭到同伴的嘲笑。因此，孩子诸如此类的行为不应该被看成某种生理疾病，而是他们自卑情结的外在流露，或者是他们追求卓越的病态或危险的表现。

我们可以想象，小男孩的口吃也许是从很小的心理问题发展而来的。曾经在相当长的一段时间里，他是家里的独子，母亲全身心地照顾他。但是，后来弟弟出生了，而他也逐渐长大，于是家人对他的关注也逐渐减少，他表现的机会也在慢慢减少，因此，他便想出了新的花招——口吃，以吸引家里人的关注。因为他注意到，口吃时与他说话的人会观察和注意他的口型和吐字。因此，他通过口吃便把原本可能属于他弟弟的关注和时间争夺过来了。

他在学校的情况也如此类似。因为口吃，老师便要花更多的时间在他身上。这样一来，口吃便有了不寻常的意义：不管是在家里还是学校，他都因为口吃而获得了一定的"优势"。他像那些好学生一样，受到别人的欢迎和喜爱，而这正是他极度渴望的。毋庸置疑，他是个好学生，不过，这个"好学生"的形象并不是他通过勤奋努力树立起来的。

虽然他通过口吃获得了老师的宽容，但这并不是一个值得推荐的方法。一旦这个男孩没有获得别人足够的关注，他就会比其他孩子更容易受到伤害。由于弟弟成了家庭的中心，他试图保持自己曾经拥有的关注度的努力就越来越艰难。和其他的孩子不一样，他没能把自己的兴趣转移到别处。在家庭环境中，他的妈妈是他唯一重视的人物，他对其他人一概不感兴趣。

要对这种孩子进行治疗，首先应鼓励他们，让他们相信自己的能力，相信自己的天赋。我们要以同情的态度和他们相处，与他们建立一种友好的关系，而不是用严厉的态度威吓他们。这些还远远不够。我们还要利用这种友好的关系来鼓励他们不断取得更好的成就。我们还必须使他们独立，运用不同的方法使他们对自己的精神和身体的力量感到自信，并使他们相信，通过勤奋、毅力、练习和勇气，他们完全能够获得自己向往但尚未实现的一切。

在儿童教育中，对偏离正道的儿童做出恶毒的评价是最严重的错误。这种评价对于情形的好转没有任何帮助，只会加重孩子的怯懦。相反，我们应该鼓励他们。正如诗人维吉尔（Virgil）所说："我能，是因为我相信。"

一定不要认为贬损或羞辱能够有效地改变孩子，虽然有时孩子会因为害怕被嘲笑而改变自己的行为，但这只是假象。我们可以通过下面这个案例来看看这种做法有多么无效。一个小男孩因为不会游泳而不断地遭到朋友的嘲笑。终于，他无法忍受跳入深水之中。人们费了很大的劲才把他救上来。毫无疑问，这个男孩是个怯懦者，因为他害怕承认自己不会游泳。在面临失去尊严的危险时，他选择了铤而走险来克服怯懦。这也是大多数怯懦者的做法。但是他奋不顾身的一跳并没有克服他的怯懦，而是加强了他不敢面对现实的心理。

怯懦是一种破坏所有人与人关系的性格特征。怯懦带来了一种个人主义的、好斗的人生态度。一个怯懦的人不会顾及别人的感受，他会为了赢得认可而不惜牺牲他人的利益。怯懦毁坏社会情感，却没有消除对别人意见的恐惧。一个懦夫总是担心被他人嘲笑、忽视或贬低。所以，他总是受别人的意见影响。他犹如生活在一个充满敌意的国度里，并形成了多疑、嫉妒和自私的性格。

有这种性格的儿童常常会变成挑剔的人。他们不愿意赞扬别人，并且当别人被赞扬时，他们会心存不满。如果一个人寻求超越他人的方式不是建立自己的成就而是贬低他人，那么他就是怯懦者。一旦发现儿童有对他人产生敌意的苗头，教育者的首要任务就是把他们从这种敌意中解放出来。但是教育者不可能去矫正由这种敌意而滋生的不利的性格特征。正确的儿童教育方法是，指出他们的错误，向他们解释不应该期望不通过努力就赢得别人的尊重。教育者必须加强儿童相互之间的友好感情，教育他们即使别人因为做错了事而得分较低也不要蔑视他们。否则，孩子很容易形成自卑情结，丧失生活的勇气。

如果一个孩子被剥夺了对未来的信心，那么他就会从现实中退缩，在对生活无益和无用的方面追求一种补偿。教育者要确保学生不会丧失勇气。即使丧失了勇气，也要帮助他们重新获得信心。这就是老师的天职，或者说是最神圣的职责，因为只有儿童对未来充满希望，充满勇气，教育才可能获得成功。

儿童对自己的评价也具有重要的意义。如果只是简单地询问，我们是不可能了解儿童对自己的真实评价的。不管问题设计得多么巧妙，我们也只会得到不确定和模糊的回答。一般来说，儿童的自我评价可以分为两种：一种认为自己举足轻重，另一种则认为自己一文不值。只要稍加观察，我们就能发现，持后一种评价的孩子总是会听到身边的成人一次又一次地对他们重复"你将一事无成！"或"你真蠢！"之类的话。

很多儿童都会被此类消极负面的责备深深刺伤。不过，也有少数儿童不会感到受伤，因为他们通常通过贬低自己的天赋和能力来保护自己。

既然不能通过询问来了解儿童如何自我评价，那么我们只能去观察他们面对问题时的态度和解决问题的方式。例如，他们面对问题时是自信果敢，还是优柔寡断。后者是缺乏信心和勇气最为常见的表现。我们可以用一个案例来说明这一点。有个孩子面对问题时，先是勇气十足，但他越接近问题，就越缩手缩脚，甚至止步不前，与问题保持一定的距离。这样的儿童有时被认为是懒惰的，有时则被认为是心不在焉的。这两种描述尽管不同，但其实质都是相同的。他们不像正常人那样集中精力去面对和解决问题，而是绞尽脑汁去逃避遭遇到的困难和障碍。有时候，成人可能会错误地认为这些儿童缺乏能力和天赋。但是，如果了解事情的原委，并用个体心理学的基本原则来加以分析，我们就会发现，这些儿童缺乏的是自信、勇气，而不是能力和天赋。

## 第5章 自卑情结

值得注意的是，一个只关注自我的个体是社会生活中的畸形人。有些过于追求卓越的儿童就属于这样的畸形人，他们从不顾及别人、敌视他人、反社会、贪婪无度、自私自利。

即使是在那些行为备受指责的儿童身上，我们也总能发现一种明显的人性特征。他们有时会感到一种人群的归属感，但是我们很难发现他们的社会情感，因为这些孩子的生活规划总是远离人与人之间的共同合作。但是，自我与世界的关系总是存在的，它暗含或表现在一定的形式之中。自卑感揭露了这种关系的藏身之处，因此只要找出自卑感的表现形式，就能发现自我与世界的关系。自卑感有无数种表现形式，眼神就是其中之一。眼睛并不仅仅用来接受和传递光线，它还是社会交流和理解的器官。一个人打量他人的方式就显示出他与人交往的倾向和亲密程度。因此，所有的心理学家和作家都非常重视一个人的眼神。所有人都可以根据别人打量自己的方式来判断他对自己的看法，而人们也能够通过眼神向别人展示自己的灵魂。尽管我们也有可能做出错误的判断或理解，但即便如此，我们还是比较容易能根据一个人的眼神来判断他是否友善。

众所周知，那些不敢正视他人的儿童都心存疑虑。这并不意味着他们都品德败坏，也不意味着他们有什么不良的习惯。他们躲闪的眼神只不过是在表达他们不愿与他人发生亲密接触,表明他们想从伙伴中退缩出来,哪怕这种接触是短暂的。人与人之间靠近的距离也是类似眼神的一种信号。如果你召唤孩子过来,一般情况下,他会先保持一定的距离,因为他想先判断一下情况如何,然后再在必要的时候接近你。孩子对亲密关系持有疑虑,这也许因为他对此有负面的体验,而他又以偏概全,把自己片面的认识普遍化,并滥用这种认识。同样有趣的是,对孩子来说,他所乐于亲近的人要远比他所宣称的最爱的人来得重要。

有些孩子走路昂首挺胸,而且声音坚定,无所畏惧,这都显示出他们无比的自信和勇气。而有些孩子则在别人与他说话的时候唯唯诺诺,明显地表现出一种不能应付处境的胆怯和自卑。

在探讨自卑情结时,经常会有人持这种观点,即自卑情结是天生的。如果父母胆小怯懦,他们的孩子也可能胆小怯懦。那些在学校里郁郁寡欢的学生通常来自与人交往甚少或没有交往的家庭。这些情况自然会使人们首先联想到他们性格的遗传。但是,这并不是因为遗传,而是因为他在充满怯懦的环境中长大。家庭环境对于孩子的成长和发展极为重要。况且,一个人不能与别人建立交往关系,并不是由大脑或者器官的物理变化造成的。事实上,每个小孩无论他多么勇敢,我们都有办法让他丧失勇气,胆小怯懦,这也反驳了"自卑是与生俱来的"观点。我们可以通过一个最简单的案例来理解这种情况,至少在理论上理解。一个小男孩生来就有器官缺陷,曾一度身染疾病,并饱受病痛和身体虚弱的折磨。于是这个孩子开始沉溺于自我之中,认为周围世界都是冷漠和充满敌意的。一个虚弱的孩子必须依赖别人来减轻自己的生活负担,依赖别人全身心地照顾他。正是因为别人对他的照顾和保护,才使他产生了强烈的自卑感。儿童在体型和力量上和成人有相当大的差距。而且,儿童又经常会听到成人说:"儿童应该被照顾,而不是被倾听。"所有这些印象都强化了儿童相对于成人的自卑感,促使儿童认为,他确实处于一种弱势地位。他发现自己要比他人(成人)的身材更矮小,力量也更微弱,自然感到很不平衡。他越是强烈地感到自己矮小微弱,就越是努力追求比别人多,比别人强。他追求别人的认可又多了一份动力。但是,他并没有努力与周围的人和谐相处,却为自己定下了这样的处事原则,"只为自己着想"。落落寡合的孩子就属于这一类。

因此,我们可以在一定程度上认为,大多数体弱、残疾和丑陋的儿童都有一种强烈的自卑感,这种自卑感通常表现为两种极端的行为方式。他们说话时,要么退缩胆怯,要么咄咄逼人。这两种表现从表面上看截然相反,实际上都出于相同的原因,都是为了追求他人的认可。他们的社会情感很弱,因为他们对生活不抱希望,认为自己实际上没有能力为社会做出贡献,或是因为他们把自己的社会情感用来服务于个人目的。他们希望成为领导者，英雄人物，备受世人瞩目。

如果一个儿童多年来一直沿着一个错误的方向发展，我们就不能期望只通过一次谈话就可以改变他的生活方式。例如，一个儿童两年来数学成绩一直很糟糕，那么他就不可能在两周内把成绩给补上去。不过，可以肯定的是，成绩最终是能够补上去的。因此，教育者要有足够的耐心。如果一个儿童开始取得了进步，可是后来又出现了反复，这时就需要向他解释清楚，进步并不是一蹴而就的。这样的解释可以让他安心，不至于丧失信心。我们一再强调，儿童的能力欠缺是因为他的总体人格走上了错误的发展道路，因为他偏离了常态、有欠缺、陷入了困难的境地。帮助这些有行为问题的儿童是能产生效果的，只要他们不存在天生的智力障碍。因为正常的、富有勇气的儿童能够弥补一切。

儿童能力欠缺，或表面上的愚蠢、笨拙、冷漠，并不能充分证明他是有智力障碍。弱智儿童大脑不正常，并且这种不正常造成了身体上的缺陷。有时，这些身体上的缺陷会随着时间流逝而消失，但它们仍会在心理上留下痕迹。换句话说，曾受身体缺陷之苦的儿童，即使在他们体质强壮以后，也仍然表现得相当虚弱。

进一步来说，心理上的自卑感和以自我为中心，可能缘于身体缺陷，也可能是成长环境造成的。例如，家长对孩子教育错误，或缺乏慈爱，或管教太严。这种情况下，孩子会认为，生活就是一场苦难，因而对周围环境产生一种敌对的情绪。由此产生的心理缺陷和由于身体缺陷引起的心理缺陷即使不是完全相同的，起码也是相似的。

可想而知，要治疗那些在无爱环境下成长的儿童将会困难重重。他们会以看待那些曾伤害过他的人的方式来看待我们，任何为促使他们上学而做出的努力，都会被理解为对他们的压制。他们总是感到被束缚，一旦有机会，他们就会反抗。他们对于自己的伙伴也没有正确的态度，因为他们对那些曾拥有幸福童年的孩子充满嫉妒。

这些心怀怨恨的儿童通常会有一种破坏别人生活的性格特征。他们缺乏应对环境的勇气，因此，便试图通过欺凌弱小并陡然提高对弱小者的友善来补偿其无力感。只有当别人接受他们的控制时，他们的友好态度才会维持下去。许多孩子在这方面陷得太深，他们要么只与那些处境比较差的孩子交往，这正如有些成年人只与遭遇不幸的人交往一样；要么偏爱和那些比他们年幼、贫穷的孩子交往。这种类型的男孩有时还乐于与那些非常温柔、顺从的女孩交往，当然这不是因为异性的吸引力，同样是为了补偿自己的无力感。

第6章

# 儿童的发展：预防自卑情结

06

CHAPTER 6

如果一个儿童曾有身体功能的缺陷,那么他原本正常的心理发展就会受到强烈的影响。他甚至会因此形成悲观的人生态度。即使随着时间的流逝,身体功能的缺陷消失,当初的心理影响也依然存在。许多得过佝偻病的儿童,即使在痊愈之后也仍然保留着这个疾病留下的生理上痕迹:罗圈腿、行动笨拙、支气管炎、头部畸形、脊骨弯曲、膝盖肿大、关节无力、体态不良等。而这些儿童在患病期间形成的挫败感和悲观的人生态度也一并持续了下来。看到小伙伴们在行动时如此轻松熟练,他们就会感到一种压抑的自卑感。他们要么低估自己,甚至对自己完全丧失信心,很少努力获得进步;要么不顾身体上的缺陷,绝望地追赶那些比他们幸运的伙伴。很明显,这是因为他们没有足够的认识力来正确判断自己的处境。

儿童的发展既不是由天赋决定,也不是由客观环境决定,儿童对客观现实的看法和他们与客观现实的关系才是儿童发展的决定因素。这是一个重要的事实。儿童天生的能力并不占主导地位。如果儿童的错误是天生的,那么我们也不可能教育他或改善他。如果我们相信儿童性格是天生的，我们就不能够也不会做教育儿童的工作。同样，成人从自身的角度对儿童的评价和看法也不重要。重要的是，成人要以儿童的视角来看待他们的处境，理解他们的错误判断。成人不要期望儿童的行为不会出错，不要期望他们会按照成人成熟的理智来行动，而是要意识到，儿童在理解自身的处境时会经常犯错。如果儿童不犯错误，儿童教育不仅不可能，也完全没有必要。

俗话说，健康的灵魂寓于健康的身体之中。但情况不见得都是如此。健康的灵魂也完全能够寓于有缺陷的身体之中，只要这个儿童能够克服身体的缺陷，勇敢地面对生活。相反，健康的身体也会培养出不健康的灵魂，如果这个儿童遭遇了不幸事件，并由此对自己的能力产生误解的话，任何一个挫败，都会使他认为自己很无能。

有些儿童除了运动障碍外，还有语言障碍。儿童说话和走路的练习经常同时进行。不过，说话能力和行走能力之间并没有任何关联，它们取决于儿童的教育和家庭环境。有些儿童本来不会出现说话困难，可是由于父母忽视了教育，他们便出现了说话障碍。一般来说，生理正常的儿童，到一定的年龄自然能学会说话。可是，在有些情况下，特别是在视觉极为发达的情况下，儿童说话会延迟。在另一些情况下，例如父母过分溺爱孩子，总是在孩子开口之前就代替他们说出一切,也会阻碍孩子试图去表达自我。这样的孩子需要很长时间才能学会说话,他们甚至会被认为患有耳聋。这种孩子一旦学会说话,他们就乐于说话,并通常会成为能言善辩者,甚至演说家。作曲家舒曼的妻子——克拉拉·舒曼就是这样一个例子。她到4岁时仍然不会说话,到了8岁时,也只能说很少的话。她非常古怪,也特别内向,喜欢待在厨房消磨时光。我们可以推断出,没有人关注她。她的父亲是这样评价的:"令人诧异的是,这一如此明显的精神不协调,却是她那异常和谐的一生的开始。"

值得注意的是,聋哑儿童应该获得特别的训练和教育,不管他的听觉存在多大的缺陷,他都应该得到最大可能的治疗和改善。因为越来越多的事实证明,完全耳聋的例子并不常见。罗斯托克的大卫·卡茨(Katz)教授就曾证明,他如何成功地把那些被认为是缺乏音乐听觉的人,引向了能够全面欣赏音乐及其他美妙声音的道路上。

通常,有些孩子的大部分功课都很好,但有某一门科目不尽如人意,这时他们的能力就会遭到怀疑。特别是当他们不擅长的是数学时,这种怀疑更会加深,甚至会有人怀疑他们存在智力障碍。儿童算术不好并非一定是智障,还有许多其他原因。他们可能曾经在学习某一课题时遇到困难丧失了信心,便不再在这方面下功夫。也有可能是因为他们所生活的家庭不懂计算的重要性,特别是那些少数艺术家家庭。另外，还有可能是因为这样一种普遍的观点，即男孩比女孩更擅长数学。这种观点会使女孩对数学丧失信心。但是，事实证明这种观点是错误的，女性中也有很多优秀的数学家和统计学专家。

我们把一个孩子是否会运用数学作为心理健康的一个重要指标。因为数学是少数几个给人以安全感的学科之一。数学是一种把我们周围混乱的世界用数字稳定下来的思想操作。具有强烈不安全感的人通常都在计算方面有一定的障碍。

其他同样能给人安全感的学科还有写作、绘画、体操、舞蹈等。写作就是把存在于内在意识的声音在纸上表述出来，从而给予写作者一种安全感；画家用线条和色彩把流逝的光学印象保留下来，从而获得安全感；体操和舞蹈能让练习者和谐地控制身体，从而给予他们安全感。也许这就是很多教育者热衷于体操的原因吧。

儿童在学习游泳方面有障碍是自卑感的一个明显表现。如果一个儿童很容易就学会了游泳，那么这也是他克服其他困难的一个好兆头。与此相反，一个学习游泳有障碍的儿童会对自己和他的游泳老师丧失信心。值得关注的是，许多最初学习游泳时有一定障碍的儿童，最终却成了游泳健将。这可能是因为这些儿童对当初的困难过于敏感，耿耿于怀，而一旦学会了游泳，便受此激励，追求游泳方面的完善目标，于是便成为这方面的高手。

　　了解儿童与家庭成员的亲密程度是非常重要的。通常，孩子和他母亲的关系最为亲密，要不就是和家庭中的另一个成员建立这种亲密联系。每个儿童都有这种能力。如果一个儿童主要由他母亲抚养长大，却与家里的另一个成员关系亲密，那么就应该好好找一找其中的原因了。很明显，任何儿童都不应该把自己的全部兴趣和注意力都放在母亲一个人身上，因为母亲最重要的任务就是把儿童的兴趣和信任扩展到儿童的同伴那里。祖父母在儿童的成长中也扮演着重要的作用。他们通常会溺爱儿童，因为老人常常担心自己老了没多大作用了，便产生了过于强烈的自卑感。于是他们要么吹毛求疵，要么心软和善。他们为了使自己在儿童眼里显得重要，从不拒绝他们的任何要求。通常，那些在祖父母家中被溺爱的儿童不愿意回家，因为在家里，他们受到的纪律和约束要相对多一些。回家之后，这些孩子会抱怨在家里没有在祖父母家里舒服。那些研究某一特定儿童生活风格的教育者，应该重视祖父母在儿童成长中的作用。如果经过长时间的治疗，儿童由佝偻病引起的行动笨拙（参见附录 A 个体心理学问卷问题 2）没有得到改善，通常是因为他受到太多照顾而被宠坏了。母亲们要学习教育的智慧，即使孩子生病，需要特殊照顾，也不要扼杀了他们的独立性。

　　一个重要问题是，孩子是否制造了太多的麻烦（附录 A

个体心理学问卷问题3）。如果情况属实，我们可以肯定是因为母亲太过溺爱孩子了，她没有培养孩子的独立性。孩子制造麻烦通常表现在睡觉、起床、吃饭或洗澡的时候，他们会做噩梦或者尿床。如果儿童表现出这些症状，那么我们可以肯定地说，这个孩子的成长环境有问题。他不断制造麻烦，似乎是不停地寻找控制成人的武器。在这种情况下，惩罚是没有用的，他们还会制造更大的麻烦去刺激父母惩罚他们，让父母明白他们不惧怕惩罚。

儿童的智力发展也是一个特别重要的问题。目前，要正确地回答这个问题仍有一定的难度。有时人们用比纳－西蒙量表来测试智力，但是，结果并不可靠。其他的智力测试也同样如此。人的智力不是终生不变的。一般来说，儿童的智力发展主要取决于家庭环境。那些物质环境较好的家庭能够给孩子提供帮助，让孩子不仅获得较好的身体发展，而且还能获得较好的精神发展。那些精神发展顺利的儿童往往会被预定从事脑力劳动或较好的职业，那些精神发展较慢的儿童则会去做体力劳动或较差的职业。后者绝大多数来自贫困家庭。值得注意的是，有些国家为那些学习较差的儿童开设了特殊的班级，让他们享受良好的成长环境。经过特殊培训后，这些孩子的学习成绩都有很大的进步。由此，我们可以得出结论，如果家庭贫困的儿童能够在较好的物质环境下生活，那么他们也完全能够取得相应的好成绩。

## 第6章 儿童的发展：预防自卑情结

再一个需要探讨的问题就是儿童是否会因为被取笑而灰心失望。一些孩子能够忍受别人的嘲笑，另一些孩子却可能会因此丧失勇气。他们回避困难，并把自己的注意力转移到外在形象上，这就表明他们对自己没有信心。如果一个儿童不断地和人争斗，并总是担心如果自己不主动进攻就会受到他人的攻击，那么由此就可以推断出他对环境充满敌意。这种儿童不愿意顺从，把顺从视为卑微的标志。他认为，对别人的问候予以礼貌地回应也是屈辱的行为，因此总是傲慢无礼。他从不抱怨，因为他把在人前抱怨看作一种低声下气的表现。他从不哭泣，甚至在本该哭泣的时候反而大笑，给人一种缺乏情感的冷酷印象。实际上，这恰恰证明了他的脆弱。每一个冷酷的行为背后都隐藏着脆弱。真正强大的人是不会对冷酷感兴趣的。这类儿童经常不修边幅，他们咬指甲，挖鼻孔，顽固不化。事实上，他们需要鼓励，也应该让他们明白，在他们行为的背后隐藏着恐惧——害怕表现出脆弱。

第四个问题是，孩子是容易和人相处还是不善与人交往，或者是一个领导者还是追随者。这个问题和孩子与人交往的能力有关，即与他社会情感的发展程度或信心的多少有关，更与他控制别人的欲望大小有关。如果一个孩子自愿与人隔绝，这就表明他对与别人竞争没有足够的信心，表明他对卓越的追求过于强烈，以至于担心他在交往群体中无法起到主要的作用。喜欢收集物品的孩子通常想增强自己，超越别人。有这种兴趣的孩子比较危险，他们容易野心膨胀，贪婪无度。他们这种寻找外在支持的行为体现了内心的脆弱。一旦被人忽视，他们就容易偷盗，因为他们比一般儿童更渴望被关注。

第五个问题涉及儿童对学校的态度。我们应该注意他们上学是否磨蹭拖拉，上学时是否会情绪激动（这样的激动经常表现为拒绝上学）。在不同的情况下，儿童对学校的恐惧有多种表现形式。一旦老师布置了家庭作业，他们就会神经激动、紧张，还会因此心悸。有些儿童甚至还会表现出器官变化，如性的兴奋。有些儿童面对考试时总会极度紧张，因为考试分数就像终生的判决，学校会按照分数对他们进行分类，所以给学生打分数的做法并不应该提倡。

儿童是否愿意做家庭作业？忘记做家庭作业表明他有逃避责任的倾向。家庭作业做得不好和做作业时显得不耐烦，都是儿童用来躲避上学的手段，因为他们更愿意做其他的事情。

儿童是否真的懒惰？其实有些孩子并非真的懒惰，他们只是不想被视为无能。如果一个孩子在学校没有完成任务，那么他宁愿被视为懒惰而不是无能或者没有天赋。一个懒惰的孩子一旦做好某件事情，他就会得到赞扬，并且听到"他如果不懒惰，就能做好许多事情"的评价。这种孩子对于此

## 第6章 儿童的发展：预防自卑情结

种说法感到非常满意，因为他认为，他不再需要证明自己的天赋和能力。那些缺乏勇气、精神不振和总是依赖别人、无法独立的孩子属于这种类型，那些扰乱课堂教学以吸引别人注意和被宠坏的孩子也属于这种类型。

儿童对老师是什么态度？这是一个很难回答的问题。一般情况下，孩子们会隐藏他们对老师的真实感情。

最难对付的是那些满不在乎、感觉冷漠以及消极被动的孩子。他们戴着一副假面具，事实上，他们非常在乎。这种孩子失去自我控制时常常会大发雷霆、暴跳如雷，严重时甚至会自杀。他们只做那些被要求和被命令去做的事情。因为他们害怕失败，缺乏勇气，并过高估计他人，所以他们同样需要鼓励。

我们会看到，那些想在体育运动方面大显身手的孩子，在其他领域也想一展风采，只是他们害怕失败罢了。那些阅读量远远超过正常儿童的孩子，通常也缺乏勇气，他们希望通过阅读来增加力量。这样的儿童虽然有丰富的想象力，但是一旦面对现实就会恐惧不已。观察孩子偏爱哪种类型的书籍也非常重要，例如，处于青春期的儿童很容易被色情图书吸引。不幸的是，这样的作品在每个大城市都有出售。强烈的性欲和对性经验的渴望会把孩子的注意力引向这一方面。为了平衡这种有害的影响可以采取以下手段：让孩子为将来成为一个好伴侣做好准备——进行早期性启蒙教育并与父母建立良好关系。

第六个问题涉及家庭的健康情况，即家庭成员是否患有疾病，例如精神病、肺病、癫痫病等。家庭疾病也会妨碍孩子的成长和进步。如果可能的话，应该尽量避免让孩子知道家里有精神病患者。因为精神疾病会给整个家庭投上一层阴霾，人们迷信地认为，这种病症会遗传。其他的疾病如肺病和癌症也是如此。所有这些疾病都会对儿童的精神和心理产生可怕的影响。患有慢性病的父母会给孩子造成严重的负担，家庭中的慢性酒精中毒和犯罪倾向就像毒素一样，让孩子难以抵御。癫痫病患者经常容易激动、发怒，破坏家庭的和谐。所有疾病中危害最大的就是梅毒。父母患梅毒的孩子多数非常虚弱，他们自己也身患梅毒，在应付生活问题的时候，常常遇到悲剧性的困难。有时，把小孩从这样的家庭环境中转移出去会对他们更有好处，却经常很难为孩子找到合适的安置地方。

我们不能忽视的事实是，家庭的物质生活条件会影响儿童对生活和未来的看法。与家庭物质条件较好的儿童相比，出身贫困的儿童会有一种匮乏不足的感觉。家庭富裕的孩子在家庭堕入困顿、失去了往日他所习惯的舒适时，也往往难以应付生活。如果祖父母的家庭物质条件比父母的优越，孩子所感受到的不安就更为强烈，就像彼得·根特（Peter Ghent）总是摆脱不掉这样的困惑：他的祖父权势显

## 第6章 儿童的发展：预防自卑情结

赫，而他的父亲一事无成。在这种家庭成长的孩子通常都异常勤奋努力，这实际上也是在抗议父亲的懒惰。

初次遭遇死亡通常会给孩子带来震撼，让他们认识到生命也有终结，并让他们从此能够同情他人的不幸。很多医生之所以从医，是因为经历了一次可怕的死亡。但这种认识也会令他们灰心丧气，或至少令他们胆怯恐惧。孤儿或继子通常会把他们的不幸归咎于父母的死亡。这也表明死亡的阴影会对孩子造成多大的影响。因此，尽量避免让孩子背上这种负担，因为他们还不能完全应付此事。

了解家庭由谁做主，对于认识儿童心理也非常重要。家庭通常都由父亲做主，也应该由父亲做主。如果家庭由母亲或继母做主，会对儿童的成长产生不利的影响，父亲通常也得不到孩子的尊敬。如果一个男孩来自母亲做主的家庭，那么他通常会对女人产生一种挥之不去的畏惧。这样的男人要么会回避女人，要么会让他们家里的女人（包括妻子）苦恼不已。

我们还有必要了解对孩子的教育是过于严厉还是过于温和。过于严厉或过于温和的教育方法都是个体心理学不主张的。正确教育孩子的方法是理解孩子，不断地鼓励他们勇敢地面对和解决问题，并发展他们的社会情感。对孩子过于挑剔或者严厉的教育会使孩子丧失勇气，而过于温和或溺爱的教育又会使孩子形成依赖心理。因此，父母既不要用玫瑰色来美化现实，也不要用悲观的态度来描摹世界。他们的职责是让孩子尽可能充分地为生活做好准备，使他们能够自如地应对未来。如果孩子没有接受教育，那他怎么面对困难、克服困难呢？他在以后的生活中会试图回避所有的困难，使自己的生活范围越来越狭小。

我们还应该了解孩子的抚养者。这个人当然并不一定总是孩子的母亲。不过，即使不是母亲亲自抚养孩子，她们也应该熟悉管教孩子的人。教育孩子最好的方式就是让他们在实践中学习，当然，是在合理的范围之内。这样一来，孩子的行为就不是受他人强迫和限制的结果，而是遵循了客观事实逻辑。

第七个问题涉及孩子在家庭中所处的地位。这种地位对于孩子的性格发展也意义重大。独生子女的地位通常非常特殊，只有兄弟的独生女和只有姐妹的独生子的地位也都很特殊。

第八个问题涉及职业选择。这也特别重要，因为它显示了环境对儿童的影响，显示出儿童社会情感的发展程度及他们的生活节奏。

白日梦（第九个问题）和对童年的记忆（第十个问题）一样富有意义。童年记忆是孩子整个生活风格的缩影。梦境也会显示出孩子的发展方向，显示他们是尝试解决问题，还是逃避问题。

如果孩子长到 15 岁还不知道自己想成为什么,那么他已经对自己丧失了信心,我们应该给予他们相应的帮助和治疗。此外,我们还应该关注孩子家庭成员的职业、兄弟姐妹的社会地位的差异及父母婚姻状况。老师的任务就是审慎行事,切实了解儿童及其世界,并利用问卷调查所了解的情况来对他们进行矫正和改善。

第7章

# 社会情感及其发展的障碍

07

CHAPTER 7

和前面几章所讨论的追求卓越的案例相反，我们在许多儿童和成人身上也会发现一种把自己和他人联系起来、与他人合作完成任务并使自己成为对社会有用的人的愿望。对于这些现象，我们最好用社会情感这个概念加以概括。那么，社会情感的根源是什么？人们对此众说纷纭，莫衷一是。不过，根据本书作者到目前为止的发现，这个问题和人的概念有着不可分割的关联。

我们也许要问，这种社会情感是否比人对卓越的追求更加接近人的天性？对此问题的回答是，这两种心理在根本上拥有相同的内核，个体追求卓越和渴望社会情感都建立在人的本性的基础上。两者都是渴望获得肯定和认可的根本表现；它们表现形式不同，而这种差异又涉及对人的本性的两种不同假设。个体追求卓越涉及的人性假设是个体不依赖于群体，而渴望社会情感的人性假设是个体是在一定程度上依赖于群体和社会的。前者所代表的是一种更合理、在逻辑上也更加根本的观点，而后者代表的则是一种肤浅的表象，即使这种心理现象会更频繁地出现在个体生活中。

如果想知道社会情感在何种意义上是合乎真理和逻辑的，我们只需要对人做一个历史的考察就会发现，人总是群体地生活在一起。这个事实并不令人吃惊。因为任何单个不能保护自己的动物，出于自我保护的原因，都会被迫群居在一起。把狮子和人做个比较，我们就会发现，人作为动物的一个种类，其生存环境极不安全。那些和人大小相当的绝大多数动物，则拥有更为强大的力量，被大自然赋予了良好的攻击和防御武器。达尔文[一]观察到，所有那些防御能力不够强大的动物总是群体出没。比如，那些体力异常强大的猩猩一般都是和伴侣单独生活，而猿类家族中那些体型较小、力量较弱的成员则总是成群生活在一起。我们也会发现，一个牛群集结成圆形的防御圈，以抵御体形远大于自己的单个敌人的进攻。正如达尔文所指出的那样，由于大自然没有赋予这些动物尖牙利爪和翅膀等，它们便组成群体以补偿这方面的不足。

组成群体不仅可以弥补单个动物作为个体所缺乏的能力，而且还使他们发现新的保护方法。这种方法可以改善他

---

[一] 查尔斯·罗伯特·达尔文（1809—1882），英国生物学家，进化论的奠基人。曾乘贝格尔号舰进行了历时5年的环球航行，对动植物和地质结构等进行了大量的观察和采集。出版了《物种起源》这一划时代的著作，提出了生物进化论学说，从而摧毁了各种唯心的神造论和物种不变论。除了生物学外，他的理论对人类学、心理学、哲学的发展都有不容忽视的影响。恩格斯将"进化论"列为19世纪自然科学的三大发现之一。——译者注

们的处境，使它们更为安全。例如，有些猴群会派出成员到前路侦察，查看附近是否有敌人。它们通过这种方式汇聚集体力量，以弥补群体中每一个体力量的不足。

研究这类问题的动物学家也指出，在这样的动物群体中，我们经常会发现与我们的法律类似的制度化安排。比如，派出侦察情况的动物必须按照特定的行为规则生活，它们所犯的每个错误或违反规则的行为都会受到群体的严厉惩罚。

有趣的是，许多历史学家认为，人类最古老的法律与部落的守护者有关。如果是这样的话，我们就对动物由于个体不能保护自己而形成群体的观念有了直接的认识。从某种意义上说，任何社会情感都反映了体力的虚弱，并与体力关系密切。因此，就人类来说，我们最好在婴儿和孩童时期发展和促进他们的社会情感，因为他们这时最无助而且成长缓慢。

我们发现，在所有的动物王国中，除了人，没有任何动物像人类的孩子出生时那样无助。正如我们所知，人类达到成熟所需的时间最长。其中的原因并不在于儿童在长大成人之前有无数的东西需要学习，而是因为人的成长发育需要很长的时间。儿童需要父母保护的时间要远远长于其他任何生物，这是因为他们身体器官的发育依赖于父母的保护。如果儿童没有这样的保护，人类就会灭绝。我们可以把儿童身体上的脆弱期视为把教育和情感联系起来的时刻。由于儿童身体的不成熟,教育是异常必要的,教育的目的产生于这样一个事实,即只有依靠群体的力量才能克服儿童的不成熟。教育的目的必然是社会性的。

我们所有的教育规则和教育方法绝对不能忽视群体思想和社会适应的思想。不管我们是否意识到,我们总是赞美那些对社会有益的行为,总是唾弃那些对社会不利或有害的行为。

我们所观察到的全部教育方面的错误之所以是错误的,是因为在我们看来,它们对社会产生的影响是不利的。无论哪一项伟大的成就,包括人的能力的发展也都是在社会生活和社会情感的基础上得以实现的。

让我们以语言为例进行说明。语言对于一个独居的人来说是不必要的。语言的存在和发展无可辩驳地证明了人类群居的必要性。语言是人类群居的产物,同时也是人与人之间沟通的桥梁。只有以群居和社会的思想为基础,语言的心理学才能够得到理解。独居之人完全不可能对语言产生兴趣。如果一个孩子不去广泛地参与社会生活,如果他只是在封闭、隔离的环境中长大,那么,这在他语言能力的发展过程中就会成为很大的障碍。只有当他与其他人或群体发生联系时,他的语言天赋才能得到不断发展。

与其他孩子相比,有些孩子之所以更善于说话和表达,一般我们认为其原因在于他们有更好的语言天赋。事实上并非如此。有语言障碍或与他人无法自由交流的儿童一般会缺乏强烈的社会情感。造成儿童具有语言障碍的原因是家人的过分宠爱。在这些孩子表达自己的愿望之前，他的一切就已经被母亲安排得妥妥当当了。孩子感觉自己没有说话的必要，因此也就不会与外界进行接触，从而丧失了适应社会的能力。

有些孩子说话的时候反应非常迟钝或有的根本就不愿说话，其原因就是他们的父母从不让他们把一句话说完，也不让他们自己回答问题，还有一些孩子则由于说话时遭到过取笑和嘲讽，从而失去了说话的信心。在孩子说话时不断地进行纠正和反复挑剔似乎是一个普遍存在的不良习惯。这会造成严重的后果，这些儿童会因此长期受到自卑感的困扰。例如，有些人在每说一句话之前都要先不断地重复"请大家不要取笑"，这样的表述在我们的生活中是很常见的。毫无疑问，这些人在童年说话的时候肯定有过被取笑的经历。

有这样一个例子：一个小孩听和说的能力都没有问题，但他的父母却又聋又哑。每当他受伤的时候，他总是默默地流泪，而不是大哭大叫。因为无论他发出多大的声音，他的父母也听不到，只能看见他伤心流泪的样子。

假如没有社会情感的话，人的其他能力，如理解力和逻辑推理能力就不能得到充分的发展。与世隔绝的人根本不需要逻辑，或可以说他对逻辑的需要并不会比一个动物多。另一方面，一个人要想始终和他人进行接触和交往，就必须运用语言、逻辑和常识，所以他必须使自己的社会情感得到发展。所有逻辑思考的最终目的也在于此。

有时候，我们可能会认为有些人的行为很不明智，然而，如果从行为者的目的来看，这些行为却是十分明智的。在那些总觉得别人也会用与他们一样的眼光看问题的人身上，这种现象是比较常见的。这也表明在行为判断方面，社会情感和常识的重要性（更何况，如果社会生活比较简单，不会使个体面临如此错综复杂的问题的话，那么也就没有必要来培养常识了）。我们也可以想象，原始人之所以保持着原始水平停滞不前，就是因为他们相对简单的生活未能刺激他们的思想在深度和广度上继续发展。

社会情感在人的语言能力和逻辑思维能力的发展过程中所发挥的作用是非常关键的。语言和思维能力常被视为人的神圣能力。如果一个人试图完全抛开他所生活的社会环境来解决面临的问题，或使用只被他自己理解的语言，那么整个社会就会陷入混乱之中。社会情感让个体感受到一种安全感，同时这种安全感也支撑着他的全部生活。这种安全感也许不同于我们对逻辑思考及真理的信任，然而，它是这种信任不可或缺的组成部分。为什么数学计算能让所有人产生这样一种信任感，以至于我们更愿意相信那些只有能用数字表

## 第7章 社会情感及其发展的障碍

达的东西才是真实和正确的？这是因为，数学计算比其他的思维过程更易于向我们的同伴传播，同时，我们的理智也更容易对此进行识别。我们总是不太信任那些不能传播、不能与人分享的真理。毋庸置疑，这也是柏拉图[一]尝试按照数和数学模式来建构自己总体哲学思想的原因所在。柏拉图让走出"洞穴"的哲学家再重返"洞穴"，我们可以从中对他的哲学与社会情感之间的密切关系有一个更为清晰的认识。柏拉图认为，对一个哲学家来说，如果他不具备源于社会情感的安全感，那么，即使是他们自己也不可能正确地生活。

让那些没有安全感的孩子与他人接触或让他们独立完成某项特定的任务，他们在安全感方面的欠缺就会表现出来。此外，他们也会在对某些学科的学习上表现出不安全感，尤其是那些需要进行客观和逻辑思考的学科，比如数学。

人们在童年时期，通常都是以片面的方式接触一些主要观念（例如道德感、伦理规则等）的。伦理学在那些离群索居的人看来是不可理解的，也是没有任何意义的。只有当我们把社会和他人的权利考虑在内时，道德观念才会出现，也才具有意义。然而，要想在审美和艺术创作方面证实这个观

---

⊖ 柏拉图（约前427—前347），古希腊伟大的哲学家，也是全部西方哲学乃至整个西方文化最伟大的哲学家和思想家之一，他和老师苏格拉底、学生亚里士多德并称为古希腊三大哲学家。另由其创造或发展的概念包括：柏拉图主义、柏拉图式爱情、经济学图表等。——译者注

点并不是一件容易的事情。哪怕是在艺术领域，也存在着一种普遍的、统一的模式，它来源于我们对健康、力量和正确的社会发展等的认知。毫无疑问，艺术界限的弹性较大，同时艺术也给个体的趣味提供了更为广阔的空间。但总体而言，艺术、美学也都遵循着社会的方向。

那么我们又该怎样确定一个儿童社会情感的发展程度呢？对这一问题，我们认为需要通过观察他特定的行为表现来确定。例如，我们看到一个儿童为了追求卓越而总想表现自己，那么我们就能够断定，与那些没有这种行为表现的人相比，他更缺乏社会情感。在当代的文化中，不想追求卓越的儿童是很少见的。因此通常情况下，个体的社会情感都没有得到充分的发展。人类的批判者——各个时代的道德家们总是对这种状况（从本性上讲，人总是以自我为中心，更多地为自己考虑）进行不断的批判和攻击。这种批判的形式一般都是道德说教，但它对儿童或成人并不能发挥什么作用，因为道德说教的力量是很单薄的，也不会使情况发生很大改变。人们最终也会这样安慰自己：我并不比其他人差多少。

当面对一个思维混乱甚至已经形成了有害的思想或犯罪倾向的孩子的时候，我们一定要知道，长篇大论的道德说教对他几乎不会产生任何效果，对他要进行深入的探究，彻底清除其有害的心理根源。也就是说，我们不要把自己当成道德的法官来审判他们，而要争取成为他们的朋友或治疗他们的医师。

假如我们不断地对一个儿童说他很坏、很愚蠢，那么，用不了多长时间，他就会认为我们所说的是正确的，并最终失去克服困难和解决问题的勇气。这个孩子会认为自己天赋比别人差，觉得自己的能力有限，得到发展的可能性也很小。他的这种态度充分表现出他消极的心境，这种心境与环境对他的不良影响有着密切的关系。

个体心理学所要表明的是，总是可以从孩子所犯的错误中看到环境对其产生的不良影响。例如，在一个邋遢的孩子背后总有一个帮他收拾、整理的人；一个谎话连篇的孩子总是深受一个趾高气扬的成人的影响，这个成人总想以强硬和严厉的手段来纠正孩子说谎的毛病。在孩子吹牛的习惯中甚至也可以找到环境影响的蛛丝马迹。一般来说，这样的孩子渴望的是得到表扬，而不是成功地完成自己的任务，在追求卓越的过程中，他总是渴求家庭成员能够给他肯定。

孩子在家庭中的不同处境经常会遭到父母的忽视或误解。那些有很多兄弟姐妹的孩子与独生子女相比，其处境就存在很大的差异。长子的处境一般都很特别，因为他有段时间曾是家里唯一的孩子。次子是无法体会这种经历的。幺子的处境也是其他孩子所不能体会的，因为在家庭中他曾是最小、最弱的孩子。如果两个兄弟或两个姐妹一起长大，那么年幼的孩子也要面对年长且能力较强的孩子所面对的困难。

但相对来说，年幼的孩子的处境更为不利，这一点他自己深有体会。为了使这种自卑感得到补偿，他会更加努力，以超越哥哥或姐姐。

通常通过对儿童的个体心理学的长期研究可以判断出孩子在家庭所处的位置。如果年长的孩子取得正常的进步，就会给年幼的孩子带来刺激，他就会更加努力地追赶他的哥哥或姐姐。这样造成的结果就是年幼的孩子通常更加勤奋努力，也更加盛气凌人。如果年长的儿童比较虚弱，也没有得到很好的发展，那么，年幼的孩子也就没有必要努力和他展开竞争了。

所以，确定一个孩子在家庭中的位置是非常重要的，因为我们要想对他有一个清楚的认识，就必须了解他在家庭中的位置。家庭中年龄最小的孩子表现出来的也必然是年龄最小的迹象和特征。当然了，也会存在例外的情况。最小的孩子有时也希望超过其他所有的哥哥姐姐，他们夜以继日，奋发图强，他们总觉得自己一定要比其他所有人做得更好，要不断积极进取。这样的观察对孩子的教育有着非同寻常的意义，因为这决定着用什么教育方法。对不同的孩子都千篇一律地采取相同的方法肯定是行不通的。不管哪个孩子都是一个独特的个体。当我们依据一定的标准来对他们进行分类时，我们还必须把每个孩子作为个体来对待。学校当然很难做到这一点，但对于一个家庭来说，做到这一点应该并不是

## 第7章 社会情感及其发展的障碍

很困难的事情。

还有一种类型的幺子与上面描述的积极进取型完全相反，他们彻底丧失了信心，变得极为懒惰。可以从心理学上对这两种类型儿童表面上的差异进行解释。那些渴望超越所有其他人的人比任何人都更容易受到困难的伤害。他们过大的雄心会使他们整天闷闷不乐，而且一旦遇到看似不可逾越的障碍，他就比那些没有如此高远目标的人更容易采取退缩和逃避的态度。我们可以用一句谚语来形容这两类孩子的人格化的特征："或全有，或全无"。

在《圣经》中我们可以找到与我们的经验类似、有关幺子取得成就的精彩记述，例如约瑟夫、大卫和梭尔等。当然，人们难免会对此提出异议：约瑟夫还有一个弟弟——本杰明。然而，本杰明是在约瑟夫17岁的时候出生的，所以仍然可以把约瑟夫归入幺子之列。不仅《圣经》中有对幺子成就的描述，在各种神话传说中我们也可以找到很多类似的例子。在所有的神话中，幺子所取得的成就都超过了他的哥哥和姐姐：在德国、俄罗斯、斯堪的纳维亚或中国的神话中，最年幼的孩子总是征服者。这绝对不是一个偶然的现象。这或许是因为与今天相比，古代幺子的形象更突出、更鲜明。在原始的条件下，这种现象或许更容易引起我们的注意，所以我们也可以更好地观察到这类关于幺子的形象。

一般来说，每个孩子都会形成与其在家庭中的地位相一致的人格特征,关于这一点还有许多可以进行深入研究的地方。例如,家中的长子通常有许多相似之处,我们据此可以将其划分为两个或三个主要类型。

我曾经用了很长的时间来研究有关长子的问题,但是,一直也未能获得一个清晰的认识,直到有一天,一个偶然的机会让我看到冯塔纳自传中的一段文字。冯塔纳在这段文字中对他的父亲进行了描述,一个法国的移民,参加一场波兰对俄罗斯作战的情况:当他的父亲读到1万名波军与5万名俄军对峙时败下阵来并四散奔逃时,总会显得特别高兴和幸福。冯塔纳对父亲的这一举动很是不解。他甚至提出异议,在他看来5万名俄军比1万名波军强大是理所当然的,"如果不是这样的话,我就会感到很不高兴,因为强者毕竟是强者"。当看到这段文字的时候,我们马上就能够得出这样一个结论:"冯塔纳是家里的长子"。这样的话只能出自于长子之口。冯塔纳还记得,他作为家庭中唯一的孩子,曾拥有多大的权力!而当他的"王位"受到一个弱者(弟弟、妹妹)的威胁时,他又会感到多么不公平。我们可以看到这样一个事实,即长子的性格通常都偏于保守,他们相信权力,奉行规则和法律。他们具有公开而毫无愧疚地接受专制主义的性格倾向。他们对权位抱有积极肯定的态度,因为他们自己也曾一度居于这样的地位。

正如我们所指出的那样,凡事都有例外,这种类型的长子也是如此。我们可以通过一个案例来对此进行说明。在这个案例中，有一个儿童一直以来都得不到人们的重视。自从他的妹妹出生之后，这个长子的角色就开始蒙上悲剧的色彩。就算抛开这个事实本身，我们往往也能够从对这个手足无措、彻底心灰意冷的长子的描述中认识到，给长子造成困扰的原因与他那年幼而聪慧的妹妹有关。这种情况的频繁发生并非出于偶然，它可以得到完全合理的解释。我们知道，在当今的文化中，普遍认为男人比女人更重要。因此长子一般都会得到家长的过分宠爱，父母对他寄予厚望。他一直都处于非常有利的环境中，直到有一天他的妹妹突然降生了。妹妹闯入了之前由她被宠坏的哥哥所掌控的世界。在她的哥哥看来，她就是一个可恶的入侵者，需要他与之奋力抗争。妹妹的这种处境激励她加倍努力、奋发图强，而且只要她还吃得消，这种激励会对她的一生产生影响。这个妹妹会取得快速的进步，这种快速进步会使她的哥哥感到惧怕，因为这对男人优越性的神话构成了一种威胁。他感到不安全、不踏实。而且人类的发育遵循这样一个规律，女孩在 14~16 岁期间一般都会比男孩发育得快。于是，哥哥的不安全感可能让他彻底丧失信心和勇气。他很容易变得自暴自弃，安于现状。他会千方百计地为自己寻找各种合理的借口，或为自己设置障碍，以此来掩盖自己放弃努力的事实。

这种类型的长子经常会感到手足无措，缺乏自信，莫名其妙地懒惰，或神经兮兮，其原因在于他们感到自己的能力不足以和妹妹竞争。在我们的生活中，这种类型的长子也是很常见的。他们对女人有一种令人难以置信的憎恨。很少有人能理解他们的处境，也很少有人对他们的处境做出合理的解释，因此他们往往有着悲惨的命运。在某些情况下，长子的情况可能会更糟，他们的父母和其他家庭成员甚至都会发出这样的抱怨："为什么情况会是这样呢？为什么男孩不是女的，而女孩不是男的？"

在众多姐妹中生活的唯一的男孩同样也拥有与上述类似的性格特征。要想在这样一种女多男少的家庭中形成一种女性主导的气氛是十分困难的。家庭中这个唯一的男孩或是受到所有女人的宠爱，或是遭到家庭中所有女人的反对和排斥。所以，在两种情况下的男孩有着截然不同的发展路径。但是，在他们的性格当中还是会存在相同的成分。我们知道，有一种普遍的观点认为，不应该只由女人来抚养和教育一个男孩。然而，对这句话的理解我们不能仅停留在字面上，因为每一个男孩一开始都是由女人来抚养的。这句话真正的含义在于，男孩不能只在女人较多的环境中成长。这个观点并不是对女性持有反对的态度，而是反对那些产生于这种环境中的误解和偏见。这对仅在男性的环境中成长的女孩也是一样的。那些在男性中成长的女孩往往也会受到男性的歧视，促使这个女孩对男孩的行为进行模仿，这会对她以后的生活造成不利的影响。

一个人无论多么宽容,他都不可能赞同这样的观点,即应该像教育男孩那样来教育女孩。这种做法在短时间内还不会产生太大的影响,但是,用不了多久就会出现难以避免的特定差异。由于其不同的身体构造,男人将在生活中扮演不同的角色。在职业选择上,身体构造也会产生一定的影响。有些女性对自己的性别感到不满意,对于那些为女人而设的职业和从业要求,她们感到难以适应。对于将来的婚姻和家庭生活,女人的角色教育自然与男人的角色教育有所不同。那些不满意自己性别的女孩通常对婚姻持有一种反抗的态度,认为自己的尊严会因此而受损。就算她们结婚了,也会试图处于支配地位。这些问题也会出现在那些被人们像教育女孩一样教育成长起来的男孩身上,他们会对我们当代的文化和这种文化对他们的期待感到很不适应。

在对这些问题进行思考的时候,大家要记住,一个人通常会在4～5岁的时候就形成了自己的生活风格。一定要在这段时间内培养他们的社会情感和必要的社会适应能力。一个人对于世界的观念通常在5岁左右的时候就已经确定并固定下来了,并在今后朝着大致相同的方向发展。他对外在世界的感知一般不会发生变化。他会受自己原有观念的束缚,并不断地重复他原有的心理机制和从这种心理机制中产生的行为。一个人自身的精神视野会限制他的社会情感。

第8章

# 儿童在家庭中的位置：
# 情境与补偿心理

08

CHAPTER 8

大家都知道,孩子的发展与他们对自己在环境中所处位置无意识理解是一致的。此外,长子、次子和幺子有着不同的发展过程,而这种发展同样符合他们在家庭中所处的位置。可以将孩子早期的处境看作对其性格发展的一种磨炼和锻造。

对儿童的教育不能过早地开始。随着孩子慢慢长大,他自己会形成一定的规则或程式,以此来指导他的行为并据此对不同情境做出反应。如果孩子很年幼,我们只能看到他指导未来行为模式的端倪。经过几年这样的练习以后,这种行为模式就会逐渐形成并通过不断强化而固定下来。孩子的行为并非客观的反应,而是在很大程度上受到他对自己早期经验的无意识理解的影响。他对某一情景一旦产生错误理解,这种错误的理解和判断就会对他的行为产生决定性的作用。只要这种在童年时期形成的原始看法没有被矫正的话,那么无论多少逻辑或常识都不会使他后来的成人行为改变。

在儿童的成长过程中总会有一些主观和独特的东西。教育者必须要了解儿童独特的个性,不能用千篇一律的法则来教育儿童。这也是对不同儿童运用相同的法则进行教育却会取得不同效果的原因。

另一方面，当我们看到儿童用几乎同样的方式对相同的情景做出反应时，我们不要认为其中发挥作用的是自然法则。实际上，当他们对情景的理解和认识不够深入时，就可能会做出相同的反应、犯相同的错误。通常认为，当一个家庭有孩子降生时，之前出生的孩子就会产生嫉妒心理。对于这种说法，人们反驳道："一方面有例外的情况存在，另一方面，如果我们能让孩子对弟弟或妹妹的出生有一个正确的认识，他们就不会产生这种嫉妒的心理。"在这方面有错误行为和错误观念的儿童就像一个游客站在山脚的小道之前，不知道该何去何从。然而，他最终找到正确的道路并顺利到达目的地，却听到有人惊奇地说："几乎每一个徘徊在这条小道上的人都迷失了方向。"那些会做出错误行为的儿童经常会在这条充满诱惑的小路上徘徊。这些路看起来似乎很容易穿过，所以这些儿童才被引诱。

此外，还有许多情境也会对孩子的性格产生难以估量的影响。我们经常可以看到家庭中的两个孩子一个好一个坏。只要对此稍加研究，我们就可以发现那个坏孩子对卓越有着过分强烈的追求，他希望能控制所有的人，并尽力对周围的环境施加影响。家里到处都可以听到他的叫喊声。而与此相反，另一个孩子一般会比较安静、谦逊并成为家里的宠儿和

## 第 8 章　儿童在家庭中的位置：情境与补偿心理

那个坏孩子学习的榜样。一般来说，父母很难理解在同一家庭中出现的这种差异。我们通过调查得知，那个好孩子发现可以凭借优异的行为得到更多的认可，并使自己在与坏孩子的竞争中取得胜利。很明显，当这种性质的竞争出现在这两个孩子之间时，那个坏孩子就不会再对通过更好的行为来超越这个好孩子抱有希望，于是，他便选择了背道而驰，也就是千方百计地调皮捣蛋。经验表明，这种淘气的孩子有可能会变得比其他的兄弟姐妹更好。同时，经验也向我们表明，过于强烈地追求卓越会使他朝着某个极端的方向不断努力。在学校中我们就可以看到这样的情况。

我们不能因为这两个孩子在相同的条件下成长，就做出他们会完全相同的预言。对任何两个儿童来说，他们的成长条件都是不同的。拥有良好性格的儿童在成长过程中也会受到不良儿童的巨大影响。事实上，有很多儿童一开始都表现得很好，后来却变成了问题儿童。

这里有一个案例，是关于一个 17 岁女孩的。这个女孩在 10 岁以前一直都表现得很优秀。她有个哥哥，比她年长 11 岁。她哥哥得到了家长们过分的溺爱，因为他 11 年来一直都是家中唯一的孩子。当女孩出生时，这个男孩并没有对她心生嫉妒，然而，他却依然如故，继续着他那被宠坏的行为。当这个女孩长到 10 岁的时候，他的哥哥经常很长时间都不在家。于是，这个女孩变得越来越像家里的独生子女了。受到这种位置的影响,她开始变得我行我素起来。她家境富裕,因而她的要求很容易得到满足。然而,随着她不断长大,她的要求不可能得到全部满足了。于是,她开始表现出不满和失望的情绪。她开始利用家庭的信用去四处借钱,很快就欠下了一笔不小的债务。也就是说,她开始试图用另一种方法来满足自己的要求。当她的要求遭到母亲的拒绝时,她就把过去良好的行为抛到九霄云外,还大哭大闹,最终变成一个令人讨厌的孩子。

我们可以从这个案例和其他类似的案例中得出一个一般性的结论,即一个儿童为了满足自己对优越感的渴求可能只会利用良好的行为,所以我们还不能确信,当情况发生变化时,他能否保持这种良好行为。本书附录 A 中的个体心理学问卷可以为我们展现一幅关于儿童的活动及他与周围环境和人的关系的完整画面。他的生活风格总会在某些方面体现出来,而且如果我们在通过心理问卷所获得的信息的帮助下,通过对这个儿童进行深入研究,我们可以发现,这个孩子所具有的感情、性格特征和生活风格都是为了一个相同的目的:获得一种卓越,提高自己的价值感并使自己在周围的世界中获得一定的声望。

在学校里,我们经常能遇到这种类型的儿童,他们看起来似乎与我们这里所做的描述是矛盾的:这样的孩子懒惰、邋遢、性格内向,对知识和批评漠不关心,他们沉浸在幻想

## 第8章 儿童在家庭中的位置：情境与补偿心理

的世界中，没有表现出一点对卓越的追求。如果我们的经验非常丰富，我们就能看出，这种方式虽然荒唐，让人无法理解，但也是一种追求卓越的形式。这种类型的孩子认为自己不能用正常的途径取得成功，于是他会尽力逃避一切可以使自己得到改善和提高的手段和机会。他会把自己封闭起来，给人留下一种坚强的印象。这种坚强并不能构成他的全部人格；在这种坚强的背后通常隐藏着一颗极度敏感和脆弱的心灵，为了免受伤害和痛苦，他要给人一种坚强和冷漠的印象。他让自己躲在盔甲的保护之中，这样无论什么东西都不能靠近、触动甚至伤害到他。

如果我们可以找到让这种孩子开口说话的方法，我们就会发现，他们总是对自己过于专注，每天都沉溺在白日梦和虚无缥缈的幻想之中，并总是把自己想象成伟大的人物，或是取得了非凡的成就。在这些梦里，我们丝毫看不到现实的影子。在梦中，他们要么是无视一切的英雄，要么是手握生杀大权的君主，要么是挽救人们于水火的烈士。我们经常可以看到有些儿童不仅在梦境之中，而且还会在现实行动之中扮演救世主的角色。我们有理由相信，当他人处于危难之中的时候，这些儿童会舍身相救。那些在梦境之中把自己想象成救世主的儿童，也会在现实中训练自己扮演这样的角色，而且，如果他们的自信还没有彻底丧失，一旦出现这样的机会，他们就会试图扮演这种角色。

某些白日梦会反复地上演。在奥地利君主时期，有许多孩子都有过这样的幻想，有一天由他们拯救国王或王子于危难之中。父母自然不知道他们的孩子脑海中总是萦绕着这种念头。我们可以看到的是，那些经常沉浸在白日梦之中的人无法适应现实，也无法让自己成为有用的人。在这种情况下，现实和幻想之间存在着无法逾越的鸿沟。也有些孩子采取比较中庸的办法，他们一方面继续沉迷于白日梦，另一方面也试图去适应现实。有些孩子则不会为适应现实做出任何努力，他们越来越抽离于现实生活，并沉醉于自己一手构筑的幻想世界中不能自拔。当然，也有些儿童对幻想的世界根本一点都不感兴趣，他们只是专注于现实，就算是阅读，他们也只会选择旅行、狩猎和历史等方面的书籍。

毋庸置疑，一个孩子不仅要有一定的想象能力，同时还要有意愿去适应现实。然而，我们要记住的是，孩子会用不同于我们成人的方式来看待问题，在他们的世界里，世界似乎可以划分为两个对立的部分。要想对儿童有深入的理解，我们就必须牢记这样一个至关重要的事实，即儿童有一种把世界划分为对立的两个部分的强烈倾向（上或下，都好或都坏，聪明或愚蠢，卓越或自卑，全有或全无）。其实这种对立的认知方式在某些成年人身上也会有所体现。我们都知道，一个人很难摆脱这种认知方式。例如，我们会把冷和热看作是对立的，但从科学知识的角度来看，

## 第 8 章 儿童在家庭中的位置：情境与补偿心理

冷和热的区别只是温度上存在差异而已。通常情况下，这种对立的认知方式不仅可以在儿童那里找到，此外，在哲学思考的初级阶段我们也可以发现这种思维方式。例如，这种思维方式曾一度在古希腊哲学中居于支配地位。而且几乎所有的业余哲学家甚至在今天还以对立的方式来做出价值判断。有些人还确定了一些性质完全对立的程式，比如生—死，上—下，男—女等。显而易见，今天儿童的认知方式非常类似于古代哲学的思考方式。我们有理由相信，那些习惯于把世界分为相互对立的两个部分的成人，其思维方式仍然保留着儿童时期的特点。

那些以这种对立的或非此即彼的认知方式为基础来生活的人，我们可以用这样一句话来形容他们的思维，那就是"或者全有，或者全无"。当然，不可能在这个世界上实现这种"全有或全无"的理想。然而，也会有许多人按照这种思维去安排自己的生活，或者全部拥有，或者什么都没有——这是不可能实现的。实际上，在这两个极端之间还存在着许许多多中间的过渡状态。我们发现那些用这种方式进行思维的人，特别是儿童，一方面在强烈的自卑感中挣扎，另一方面却发展出过分的野心作为补偿。历史上这种例子并不少见，如凯撒在谋取王位的时候就遭到了他朋友的杀害。在儿童身上存在的很多怪癖性格，例如偏激、固执都可以在这种"全有或全无"的认知方式中找到根源。这种特征在儿童的生活中非常普遍。我们甚至可以得出这样的结论：这种儿童通常都形成了一种个体的哲学或与常识背道而驰的个体理智。我们可以以一个极其偏执和固执的 4 岁女孩为例来对这种情况进行说明。有一天，小女孩的母亲给她一个橙子，她接到橙子之后却把它扔在了地上，并且说道："无论你给我什么，我都不会喜欢的。我喜欢的东西，我会自己去拿！"

当然，这些懒惰、邋遢的儿童"拥有全部"的可能性很小，因此他们便会退入到"全无"的白日梦和虚无缥缈的幻想之中。然而，据此得出这种孩子已无可救药的结论，还为时尚早。我们知道，过分敏感的孩子不具备适应和调试能力，他们很快会从现实中抽离出来，躲进自己所建构的虚拟世界中，因为幻想能在一定程度上给他们提供保护。对于作家和艺术家来说，与现实保持一定的距离是非常必要的，对于科学家来说也同样如此，因为科学家也需要具备良好的想象能力。不切实际的幻想不过是对生活中的不快和可能会遭受的失败的一种逃避罢了。我们要记住，人类的领袖正是那些拥有超凡的想象力且后来又能把想象和现实结合在一起的人。他们能够成为人类领袖的原因，不仅在于他们接受了较好的学校教育，拥有敏锐的洞察力，而且还在于他们在面对困难时具有克服困难的意志和勇气。从众多伟人的生平事迹中我们可以看到，他们的勇气就足以使他们具有非凡的能力来应付周围的世界，所以，当条件变得有利时，他们的勇气就足以让他们直面现实，奋发图强，并最终成就一番伟业。需要指出的是，并不是每个人都能成为伟人，而且怎样把儿童培养成伟人也是无迹可寻的。但是，我们应该牢记的是，我们在对待儿童时一定不要粗暴、鲁莽，而应该不断给他们鼓励，不断地向他们解释现实生活的意义，从而不断缩小他们的想象和现实世界之间的距离。

第9章

# 作为准备性测试的新情境

09

CHAPTER 9

个体的心理生活是个不可分割的统一体，个体人格的所有表现无论从横向还是纵向上都是密切相关、前后一致的。人格在时间轴上是连续展开的，不会出现突然的跳跃。现在和未来的行为总是以过去的性格为基础的，两者也是相一致的。但这绝不意味着，一个个体在一生中的行为都会机械地由过去和遗传来决定。但是，这也不意味着个体的未来和过去是完全割裂开来的。我们不可能瞬间摆脱原来自我的影子，而成为另一个完全不同的人，虽然我们可能从来也不知道自我到底是什么样子的。换句话说，直到我们的能力和天赋表现出来的时候，我们对我们全部的潜能也没有一个清晰的认识。

正是由于人格的发展具有某种连续性（这绝非机械决定论），教育并改善个体的人格，并对儿童在某一时刻的性格发展状况进行检测才成为可能。如果一个个体处于一种全新的环境之中，他就会将处于隐藏状态的性格表现出来。所以，如果我们能直接对个体进行试验，我们就可以让他们进入一个全新的环境之中，以此来观察他们的人格发展水平。

他们在新环境中的行为必定符合他们过去的性格。

对儿童来说,我们通常可能会在他处于转变期——如上学或家庭突然发生变故时发现他的性格。在这种转变的过程中可以清晰地看到儿童性格的局限,就像一张被放进冲洗液的底片一样显现出清晰的图像。

我们曾经对一个被收养的孩子进行过一段时间的观察。他性格暴躁,行为让人无法理解,很叛逆、不服管教、难以矫治。对我们的提问,他总是不理不睬,或自言自语,与我们的问题毫不相干。在对这个孩子的总体情况进行了解之后,我们可以得出这样的结论,这个孩子虽然已经和养父母相处了好几个月的时间,但他对他们仍然是一种敌对的态度,他很不喜欢养父母的家。

在这个新的环境中我们只能得到这样的结论。这对养父母却并不理解,认为自己对待孩子很好。事实上,在这之前,没有人这么好地对待过他。然而,问题的关键并不在于是否有善待的举动。我们经常听到这对父母说:"我们想尽一切办法,软硬兼施,但一点作用都没有。"仅仅对孩子好是不够的。尽管许多孩子会对父母的善意做出回应,但是,我们不能因此就认为他们发生了改变。在孩子看来,这种善待或许只是暂时的,他们的处境并没有发生根本性的改变,一旦得不到这种善待了,他们马上就会回到以前的环境中去。

## 第 9 章 作为准备性测试的新情境

在这种情况下,理解这个孩子的感觉是非常关键的,也就是弄明白他是如何感受的,而不是他对父母的想法如何。我们告诉这对养父母,这个孩子并不能在他们这里感到幸福。对于这个孩子不幸福是否具有合理性我们也不得而知,然而,这中间肯定发生过什么,才导致他抱有这么大的敌意。我们向这对父母指出,假如他们觉得不能矫正这个孩子的错误,不能得到他的爱,那么他们将被迫把他交给他人收养,因为这个孩子会不断反抗那些被他视为囚禁的做法。后来,我们听说这个男孩变得越来越暴躁,俨然成了一个危险人物。如果得到友善对待的话,他的情况就会稍有好转。然而,这样做还远远不够,因为还没有弄清楚导致孩子出现这种情况的根源。随着我们不断地收集更多信息,我们找到了其中的原因。我们认为,由于这个被收养的孩子和养父母自己的孩子生活在一起,所以,在他心目中,养父母无疑会把更多的心思用在关心、爱护自己的孩子身上。这应该就是孩子脾气暴躁的原因,要知道,这个孩子是不愿意继续在养父母家生活的。所以,只要能帮助他实现这一愿望和目的的行为在他看来都是正确的。从他为自己设置的目标(离开养父母家)出发,我们可以看出他的所作所为是非常明智的,因此我们应该放弃关于他的头脑可能不健全的任何猜测。一段时间之后,这对养父母才知道,如果无法改变这个孩子的行为,他们就得将他交给他人来抚养。

如果我们惩罚孩子的错误行为，那么，这种惩罚就会成为他继续反抗的绝佳理由。惩罚使"反抗有理"这种感觉得到了强化，我们的观点并不是无据可循的。我们认为，可以把所有儿童的错误行为理解为他与环境互动的结果，是他们对没有预料的新环境所做出的反应。虽然这种错误十分幼稚，但我们也无需为此大惊小怪，因为这种幼稚的表现同样也存在于成人的生活之中。

几乎还没有人研究过各种举止和不明显的身体语言所蕴含的深刻含义。在这方面老师也许具有天然的优势，他们可以把孩子的这些表现形式归结为一种模式，并研究它们之间的相互关系及其根源。我们一定要记住，在不同的情况下，同一种表现形式会具有不同的意义：两个孩子的行为举止即使是相同的，其意义也并不一样。除此之外，问题儿童虽然具有相同的心理感受，但其表现形式却是各式各样的。其原因在于，可以通过多种方式来达到同一个目的。

我们不能依据我们的常识来对这些行为的对错做出判断。如果一个儿童的行为产生了错误，其原因往往是他为自己设置了错误的目标。所以，追求错误的目标难免会导致错误的行为结果。人尽管有数不清的犯错误的可能性，但真理却是唯一的，这也正体现了人性的奇特之处。

儿童的有些表现并未被人们所关注，但它们却具有非常重要的意义，例如，儿童睡觉时的姿势。这里我们举一个有趣的例子。一个15岁的男孩曾因为这样的幻觉而深受困扰：当时的皇帝弗兰西斯·约瑟夫死了，他的鬼魂来到这个男孩面前，要求这个男孩组织一支军队向俄罗斯进军。我们在深夜走入他的卧室，发现他的睡姿就好像拿破仑指挥若定的样子。第二天我们见到他的时候，发现他的姿势仍然与夜间军人的姿势十分相似。从中可以看出，在他的幻觉和清醒状态之间有着非常密切的联系。我们和他聊天，并试图使他相信皇帝依然健在。他对此却不愿意承认。我们了解到，他在咖啡馆做服务生的时候，别人总因为他身材矮小而嘲笑他。我们问他是不是有人和他采用相似的走路姿势，经过片刻的思考之后他回答说："我的老师，麦尔先生。"由此看来，我们的猜测并没有错，如果我们将这个麦尔先生想象成为另一个小拿破仑，我们的问题就很容易解决了。还有一点至关重要，那就是这个男孩向我们透露，他的理想是成为一名老师。他很喜欢他的老师麦尔先生，并会模仿他的一言一行。总而言之，这个姿势浓缩了这个男孩的全部生活。新环境可以测试出儿童的适应性如何。如果儿童做好了充分的准备，他就会信心满满地投入到新的环境中去。如果他对新环境准备不足，他就会感到无所适从，进而认为自己无能并产生一种自卑感。这种自卑感会使儿童的判断力发生扭曲，并使他在新的环境中做出不真实的反应，即这种反应并不符合环境的要求。也就是说，造成儿童在学校失败的原因，不仅仅是学校教育体系的无效，还有儿童适应能力上的缺失和不充分的准备。

我们对新环境进行研究的原因在于它是使儿童发生转变的因素，它将儿童在对新环境准备方面的缺失和不足体现了出来。我们可以把每一个新环境看作对儿童准备性的测试。

根据上述情况，这里再讨论一下附录 A 中的问卷。

1. 导致问题产生的原因是什么时候出现的？如果一个母亲说他的孩子在入学之前一直都表现得很好，那么，她告诉我们的要多于她实际所理解的。换句话说，孩子对学校的生活很不适应。假如这个母亲的回答是"过去 3 年来这个孩子表现得一直都不怎么好"，那么这依然是一个不充分的回答。我们必须要了解 3 年前孩子的身体或其所处的环境发生了哪些变化。

孩子丧失自信的通常表现是不能适应学校生活。孩子在一开始所遭受的失败通常并不会得到人们足够的重视，然而，它对孩子来说可能是个致命的打击。我们要清楚，如果孩子学习成绩不好，他是否经常因此遭到责骂，这种低分和责骂对于他追求卓越会产生什么影响。这个孩子也许会认为自己没用而自暴自弃。尤其是当父母也习惯对他说"你什么事情都办不成"或"你注定会在监狱里结束一生"时，孩子更是认为自己一无是处。

有些孩子在遭受失败后反而大受鼓舞，而有些孩子则会从此一蹶不振，必须对这种因失败而灰心丧气的孩子不断进行鼓舞和激励，对于他们要温柔，耐心和宽容。

2.在问题出现之前是否有过一些明显的迹象？或者说，部环境变化之前是否已有迹象显示儿童缺乏充分的准备？对于这个问题，我们得到的答案是多种多样的。"这孩子太邋遢"，这就是说他的一切都是由母亲来帮忙整理的。"他总是十分胆怯"，这说明他对家庭有很深的依恋。如果可以把一个孩子形容为孱弱，那么我们猜测可能他生来就有生理问题，或由于身体虚弱而受到过分溺爱，或因为其貌不扬而不被重视。存在这个问题也可能意味着小孩由于身体发育的缓慢而被怀疑患有轻微的智力障碍。即使这孩子后来的情况有所好转，他也仍然会感觉到被过分保护和被限制。这种感觉会成为他适应新环境过程中的一种困难。如果这是一个胆怯粗心的孩子，那么我们可以相信，他之所以会这样是为了寻求和确保别人对他的关注。

如果这个孩子表现得非常笨拙，老师就一定要了解他是否对自己的性别角色有一个清醒的认识。成长于女性环境之中的那些男孩会尽量避免和其他男孩交往，并会受到其他男孩的嘲笑和愚弄，也经常被当作女孩来对待。他们自己对女性的角色已经很习惯了，并会在后来历经非常激烈的心理冲突。由于这些孩子忽视了男女性别器官的差异，因此这些孩子会认为性别是可以改变的。然而事实上，他们最终会发现根本无法改变他们的身体构造，所以他们就会形成他们向往的那种性别的心理倾向（男孩有女孩心理，女孩有男孩心理）并以此作为一种补偿。这些心理倾向会在他们的穿着打扮和行为举止上有所体现。

有些女孩非常讨厌女性职业。这主要是因为这些工作在她们看来不具备任何价值。这无疑是我们的文化中存在错误偏见的一种体现。对于有些职业，男人拥有特权，他们排斥女性，甚至在今天这种传统仍然存在。我们的文明明显对男性有利。男孩的出生往往比女孩更受欢迎，这对男孩和女孩都是有害的影响。女孩用不了多久就会受到自卑感的困扰，而男孩则在过高的期望下承受过多的心理压力。女孩的发展会受到某些限制，尽管有些国家（比如美国）不再有明显的对女孩的限制。然而，就算在美国，男性和女性在社会关系方面也没有达到一种真正的平等。

我们这里所关注的是在儿童身上所反映出来的人类整体精神。接受女性角色难免要面对重重困难，所以也经常招致反抗。这种反抗常见的表现形式是不服管教、固执倔强和懒惰倦怠，这都与追求卓越的心理有关。当这种迹象出现在女孩子身上时，老师一定要弄清楚她是不是对自己的性别感到不满。

这种对自身性别的不满会向其他各方面扩展，这样一来，生活对他们来说往往会变成一种负担。有时候，我们会

## 第9章 作为准备性测试的新情境

听到孩子说想去一个不分性别的星球生活。这样的错误观念可能会导致各种荒谬行径,甚至会造成完全的冷漠、犯罪和自杀。对具有这种思想的孩子缺乏同情或加以惩罚,只会适得其反,让孩子的这种欠缺感或不充分感不断加重。

如果能审慎而自然地教育这个小孩,让他认识到男女之间的差异,认可男女具有同等价值,就可以避免这种不幸发生。父亲一般在家庭中处于优势地位,他拥有财产,制定规则并向妻子解释规则,他指导自己的妻子并拥有最终决定权。家中的男孩也试图在他们的姐妹面前显示自己性别的优越,并嘲讽、批评她们,以此让她们对自己的性别产生不满情绪。心理学家认识到,男孩的这种行为通常来源于他们自身的一种虚弱感。能做什么和或许能做什么之间存在着巨大的差异。那些认为女人直到今天也没能做出伟大成就的观点是毫无价值的。时至今日,也没有哪个女人被教育和教导去创造伟大的功业。男人总是把缝缝补补的活交到女人手里,并试图使她们相信这就是她们的本职工作。尽管这种情况在一定程度上已经发生了改变,但直到今天,在我们对女孩所进行的教育中,也没有体现出我们对她们寄予了厚望。

一方面,我们并没有为女孩提供做出非凡业绩的准备,有时候甚至还会对此加以阻碍;另一方面,我们却因她们成就低微而对她们大加批评。这是一种短浅的目光,并未看到其中的因果关系。要改变目前这种状况并不是一件容易的事情，因为不仅仅是父亲，就连母亲也理所当然地认为男性具有某种天生的优越性。不仅如此，她们还把这种观念灌输给自己的孩子。她们对自己的孩子说，男性的权威是毋庸置疑的，男孩可以要求女孩顺从，而女孩也应当顺从。要让孩子尽可能早地知道自己的性别，知道他们的性别是无法改变的这一事实。就像我们前面所说的，有些女孩会形成对男性权威和优越感的憎恨。如果这种憎恨过于强烈，女孩就不能接受自己的性别并尽可能地模仿男性。在个体心理学中，这种现象称为"对男性的抗议"。男女发育畸形或发育不全等第二性征出现的问题也会使他们在长大之后完全按照解剖学上的男女体质特征对自己的性别产生怀疑（女孩身上呈现出男性特征，男孩身上呈现出女性特征）。这种怀疑通常与其虚弱的体质有着不可分割的联系。与女性相比，身体构造稚嫩、发育不全等状况在男性身上表现得更为明显。如果在男性身上出现这种状况，他就会被认为具有女性特征。这种看法是错误的，因为这个男人实际上可能更像一个小男孩。身体发育不全的男人常常会感到一种痛苦的自卑，因为在我们的文明中，理想的男性形象是身材魁梧、成就卓越、超越女性的。同样，一个发育不全或不够美丽的女孩也经常会厌恶面对生活中的问题，因为我们的文明过于强调女性的美丽。

## 第9章 作为准备性测试的新情境

一般都把性情、脾气和情感看作人的第三性征。人们通常会认为敏感的男孩会像女性，而把从容、自信的女孩形容为像男性。这些特征绝不是内在的、与生俱来的，而是在后天的环境中习得的。具有这些特征的人在回忆时，都会说他们在童年时就是这样，他们在长大后也觉得自己童年时就表现得十分古怪、另类，行为举止与女孩（或男孩）很相似。后来，他们按照自己对性别角色的不同理解而长大成人。问卷中接下来的一个问题是孩子的性发育和性经验达到了什么程度。这就意味着在一定的年龄阶段，让孩子对性有一定程度的了解是可以的。应该说，并没有一个统一的规则来规定父母和教育者们怎样向孩子解释与性有关的事，因为一个孩子会在多大程度上相信并接受这种解释是无法预知的，同时这种解释会对他将来产生什么样的影响我们也不得而知。一旦孩子提出与这方面相关的问题，在我们向他们做出解释之前，应充分考虑这个孩子当时的实际情况。我们不提倡过早地向孩子解释这方面的问题，虽然这并不一定会产生不好的结果。

问卷中还有一些问题涉及收养和过继的孩子，这也是比较棘手的。这样的孩子一般会认为良好的对待是理所应当的，一切苛刻、严厉的对待都是由他们在家庭中的独特地位造成的。一个失去母亲的孩子一般会对自己的父亲十分依赖。当一段时间以后父亲再婚时，这个孩子就会有一种被抛弃的感觉，他完全不能和继母友好相处。有意思的是，甚至在某些孩子的眼中，他们自己的亲生父母被看作继父继母，这种态度中包含着对亲生父母的不满和抱怨。在许多童话中，继父继母都被描述为性格歹毒的角色，他们因此而声名狼藉。这里顺便要指出，儿童的最佳读物并不是这些童话故事。当然，并不可能完全禁止孩子们读这类书籍，因为孩子可以从中了解很多有关人性方面的知识。然而，在这些童话故事读物中应该附上恰当的评论，不应该让他们阅读那些描写暴力场面和扭曲幻想的童话故事。有时候为了使儿童克服温柔的情感而变得坚强粗犷，人们会借用那些有关强者做出残忍行为的童话故事来锻炼儿童。这又是一个源自英雄崇拜的错误做法。男孩子认为表示同情就会显得自己缺乏男子气概。如果不滥用或者误用温柔的情感，那么这种情感无疑是很有价值的。当然，每一种情感都有被误用和滥用的可能性。

私生子有着最为艰难的处境。其实，"女人和孩子承受这种沉重的负担而男人却逍遥自在"的说法是有失公道的。这其中受到伤害最多的无疑是孩子。无论人们试图采取什么样的方式来帮助这样的孩子，都不可能使他们的痛苦得到消除，因为他们很快根据常识判断，他们的所有遭遇是不正常的。私生子会受到同伴或他人的嘲笑、讥讽，国家法律使他们陷入艰难的处境之中，社会道德为他们烙上私生子的烙印。他们因此变得异常敏感，易于与人发生冲突，对周围世界充满了敌对情绪，因为在每种语言中都能够找到一些丑陋的、带有侮辱性和鄙视的字眼来形容他们。这就很容易让人理解问题儿童和罪犯之中有如此多孤儿和私生子的原因了。孤儿和私生子并不是天生就具有反社会的倾向，这是环境影响造成的结果。

第10章

# 学校里的儿童

## 10
CHAPTER 10

如上所述，当一个孩子跨入学校的大门时，学校对他来说就是一个全新的环境。和其他所有的新环境一样，学校也可以视为对儿童入学准备的一种测试。如果他经过了充分的准备，他就能顺利通过这种测试。反之，如果他缺乏必要的准备，他就会暴露出这方面的不足。

我们通常都没有孩子在进入幼儿园和小学时心理准备情况的记录，但是，这种记录（如果有的话）对解释孩子成年以后的行为来说，是很有帮助的。与一般的学校成绩相比，这种"适应新环境的测试"当然更能揭示出这些孩子的真实情况。

当一个孩子走入校门之后，学校会对他提出什么要求呢？他需要和老师、同学们进行配合，同时还要培养对各种学科的兴趣。依据孩子在学校这个新环境中的表现，我们可以判断出他的合作能力和兴趣爱好，他感兴趣的学科，以及他是否愿意听别人讲话、是否对周围的一切都有兴趣。要确定这些方面的情况，我们需要对儿童的态度、行为举止、神情和倾听别人说话的方式进行研究，同时还需要了解他是以友好的方式接近老师，还是对老师避而远之等。

我们仍然通过一个案例来说明这些细节是怎样对人的心理发展产生影响的。一个男性病人由于在职业上受到许多问题的困扰，便找到了心理学家。心理学家从他对童年的回忆中了解到，他是家庭中唯一的男孩，围绕在他身边的是一群姐妹。他出生没多久父母就不幸去世了。到了该上学的年龄时，他感到很迷茫，不知道自己是该到女子学校还是男子学校就读。后来在姐妹的劝说下，他选择了女子学校。然而，学校没过多久就把他劝退了。可想而知，这件事给他的心理造成了多大的影响。

学生对老师的兴趣在很大程度上决定着他是否专注于自己的学业。老师教学艺术的一个重要组成部分就是促使并保持学生对学业的专注，并观察学生是否专注或是否能够保持专注。那些在家里受到过分溺爱的孩子，一般都会被学校中如此之多的生面孔吓坏，因此他们并不能专注于自己的学业。假如老师对他们稍微严厉一些，这些孩子就会表现得似乎缺乏记忆力。然而，并不像我们通常所认为的那样，他们对什么事都缺乏记忆力，他们对无关乎学业的事情能过目不忘。他们完全能够做到全神贯注，但这种情况只会出现在溺爱他们的家庭中。他们将所有的精力都集中在对溺爱的渴望上，而不是学校的学业上。

对这些不能适应学校生活、成绩不佳的孩子加以批评责备是没有用的。相反，批评和责备只能让他们认为他们不适合上学，并以一种悲观消极的态度来对待学业。

需要注意的是，这种孩子如果得到老师的宠爱，一般情况下他们都会成为好学生。如果能从学习中得到好处，他们自然就会加倍努力，然而遗憾的是，我们无法让他们一直受到老师的宠爱。如果他们转学或换了其他老师，或他们在某一学科（对于被溺爱的孩子来说，数学始终都是一门困难而危险的学科）上不能取得什么进步，他们就可能突然停滞不前。这种进步之所以不能持续下去，是因为别人使他们所要面对的每一件事情都变得容易了，而他们也对此已经习以为常。他们从未被训练去奋发图强，也不知道如何奋发图强。他们没有耐心也没有毅力去克服困难、通过有意识的努力不断进步。

那么怎样才是良好的入学准备呢？接下来我们就对这一问题进行讨论。我们总是可以从孩子缺乏入学准备这件事上看到母亲的影响。众所周知，对孩子来讲，母亲是第一个唤醒他兴趣的人，并在引导他把兴趣转到健康的方向上发挥着至关重要的作用。假如母亲没有尽职尽责，这会明显地体现在孩子在学校的表现上。除了母亲的影响，孩子还会受到其他一些复杂的家庭因素的影响，如父亲的影响、孩子间的竞争等，这方面的内容我们将在其他章节进行分析。除此之外，还有一些外在影响因素，如较差的社会环境或偏见，我们也将在随后的章节详细阐述。

概括地讲，因为这些因素会对孩子的入学准备产生不良影响，所以，仅仅把孩子的学习成绩（例如考试分数）作为评价和判断一个孩子的标准是愚蠢的做法。相反，学校成绩报告应该被我们当作儿童目前心理状况的一种反映。这些成绩报告不仅能反映他所取得的分数，还能反映出他的智力、兴趣和专注能力等。学校考试和各种科学测试（例如智力测试等）虽然以不同的结构和形式进行，但其实质并不存在差异。应该将这两种测试的重点放在揭示儿童的心理上，而非记录下一堆没有实际意义的事实。

近些年，所谓的智力测试取得了长足的发展，老师们对此也非常看重。没错，某些情况下这种测试的确具有价值，因为它们所揭示出的东西不能通过普通测试来完成。这种测试还曾经成为儿童的救星。如果一个孩子学习成绩非常糟糕，老师也想让他降级，而智力测试的结果却说明这孩子拥有很高的智商，这样一来，这个孩子不仅没有降级，反倒被允许跳了一级。他会为此得意洋洋，其行为也会发生很大改变。

我们的目的并不是要贬低智力测试和智商的功效，我们只是说，如果要实施这种测试，不应当让被测试的孩子及其父母得知测试的结果，即智商是高是低。因为孩子及其父母对这种智力测试的真正价值如果没有一个恰当的理解，他们会将这种测试结果作为一种对孩子最终的、完整的评定,认为孩子的最终命运也会由测试结果来决定,而对孩子来讲,他可能从此深受这种测试结果的影响和制约。事实上,人们一直对这种把测试结果绝对化的做法持批评的态度。我们要知道,在智力测试中获得高分并不能说明孩子未来就一定能够取得成功,相反,有些在未来获得成功的孩子在智力测试中并未获得较高的分数。

根据个体心理学家的经验,如果孩子的智力测试得分偏低,我们可以找到某些能提高他分数的方法。其中一个办法就是让孩子不断研究这种类型的智力测试,直到他们找到应试的窍门和需要做的准备。通过这种做法可以让孩子获得进步、积累经验,并在以后的测试中取得更好的成绩。

此外还有一个重要的问题,那就是学校的日常教学会对学生产生怎样的影响,沉重的课业负担是否会让孩子感到力不从心。我们提出这一问题并不是要贬低学校所设置的课程,也不认为应该减少这些数量繁多的科目。我们认为这些科目的连贯统一才是最重要的。因为这样的话孩子对这些科目的目的和实际价值就会有所了解,也不会认为它们都是纯粹抽象的理论。目前,对于是应该教育孩子学习知识,还是注意发展他们人格的问题,仍然众说纷纭。从个体心理学角度来说,两者其实是可以兼顾的。

各种课程的教学应该充满趣味性,不能脱离实际生活。

数学（包括算术和几何）的教学应该与建筑的风格和结构、在其中居住的人等联系起来。有时可以把一些科目结合在一起进行教授。有些相对进步的学校就有这样一些专家，他们知道如何把不同科目联系起来进行教学。他们陪着孩子们散步，试图发现孩子们更感兴趣的科目。他们尝试把某些科目结合在一起进行教学，例如，可以把对某一植物的教学和有关这一植物的历史、所生长国家的气候等内容联系起来。通过这种形式的教学，这些教学专家不仅使那些对这一学科并不感兴趣的学生产生了兴趣，而且还让这些学生逐渐具有了以融会贯通的方法来处理事情的能力，这也正是一切教育所要达到的最终目标。

此外，还有一点需要引起教育者的注意，那就是所有在学校读书的孩子都觉得自己处于一种激烈的竞争之中。对于这一点的重要性我们不难理解。理想的班级应该是一个不可分割的整体，每个学生都觉得自己是这个整体不可或缺的组成部分。老师应该对这种竞争和个人的野心有所控制并使其保持在一定的限度内。有的学生看到别人遥遥领先于自己就会很不高兴，他们要么竭尽全力地奋起直追，要么心灰意冷，仅凭主观感受来看待事物。这就是老师的建议和指导具有重要意义的原因所在。老师一句恰当的话语可能会让一个醉心于竞争的学生走上与他人密切合作的道路。

制订适当的班级自治计划有助于加强学生们的合作精

神。当然，我们不必等到学生对自治做好了完善的准备才去制订这类计划。我们可以先让孩子注意观察班里的情况，或鼓励他们提出各种建议。如果在缺乏相应准备的情况下就贸然让学生实施完全的自治，我们就会发现，他们的惩罚措施往往比老师还要严格和严厉，为了给自己谋求好处和优越感，他们甚至还会运用政治手腕。

对儿童在学校获得的进步进行评价时，我们既要考虑老师的意见，同时也不能忽视孩子的意见。有个事实非常有意思，那就是孩子在这方面具有良好的判断力。他们更清楚拼写最好的是谁，画画最好的是谁，运动最好的是谁。他们可以很好地相互打分。有时候，他们未必能做到十分公正，然而，他们也能够对这一点有所认识并尽可能保持公正。在评价方面存在的最大问题就是学生有时候会妄自菲薄。在他们看来，"自己永远都不如别人"。这就要求老师向他们指出这种自我评价方面的错误，否则，儿童们会始终这样认为，难以改变。如果一个儿童有这样的想法，那么他不可能取得进步，只会裹足不前。大部分孩子的学校成绩一般不会有太大变化，他们或者最好，或者很差，或者处于平均水平。这种基本保持不变的状况所反映的与其说是他们的智力发展水平，不如说是孩子心理态度的惰性。它说明儿童固步自封，经过不断挫折之后便不再抱有希望了。然而，也有一些儿童的成绩会不时出现很大的波动。这也是一个非常重要的事实,它表明儿童的智力发展状况并不是一成不变的。学生们应该对这一点有所认识,同时老师也应该让学生们懂得如何在实际中运用这个道理。

人们通常将智力正常的儿童能取得很好的成绩归因于他们特殊的遗传,这其实是一种错误的观念,老师和学生都要摒弃这种观念。认为人的能力是由遗传获得的或许是儿童教育中存在的一个最大的谬误。当个体心理学首先指出这一点时,人们认为这并没有科学依据,只不过是我们的一种主观臆断。然而,现在我们的这一观点被越来越多的心理学家和病理学家所认可。能力来源于遗传的说法太容易被父母、老师和孩子当作一种借口了。每当人们需要付出努力解决困难时,人们就会以遗传原因作为借口来逃避责任。然而,我们没有权利推卸责任,对于那些旨在推卸责任的各种观点我们都应该持怀疑和批判的态度。

一个对自己的教育价值深信不疑,坚信教育能够训练人性格的教育工作者,是不会轻易就认可能力遗传的观点的。我们这里所关注的并不是身体上的遗传。众所周知,器官的缺陷,甚至器官的能力差异可能是由遗传因素造成的。但是,在器官功能和人的精神能力之间发挥连接作用的桥梁是什么呢?从个体心理学的角度来看,精神也在体验和经历着器官所具有的能力水平,并且也要考虑到器官的能力水平。然而,有时精神会过多地顾及器官的能力,器官的缺陷会影

## 第10章 学校里的儿童

响到精神，以至在消除了器官缺陷之后，精神的恐惧还会持续很长一段时间。

人们总是喜欢追根溯源，总喜欢挖出事情的来龙去脉。然而，这种追根溯源的做法（即认为能力是天生遗传的）在我们对一个人做出评价时却是一种误导。这种思维方式的错误就是没有考虑到我们祖先的多样性，没有考虑到在我们家族中，每一个人都有父母两个长辈。这样，如果我们向上追溯5代人，就有64位先祖，那么后人的才能无疑可以归因于这64位先祖中的一位所具有的聪慧才智；如果我们向上追溯到第10代，就会有4 096位先祖，那么无疑至少有1位后人可以将其卓越的才能归因于这些祖先中的1位。当然，我们也要记住，杰出的祖先给家族留下的遗风，对孩子的发展所产生的影响与遗传的功效有些类似。由此，我们就能知道有些家族比其他家族更人才辈出的原因。很明显，这并不是由于遗传的作用，而是因为家族的行事作风。只要对欧洲过去的情况进行一些回顾，我们就能明白这个道理，比如在当时，家里的孩子通常都会被迫继承父亲的事业。如果我们对这一社会制度在其中所发挥的作用视而不见，自然就会对有关遗传作用的统计数字有非常深刻的印象，错误地认为这些数字很有说服力。

除了能力遗传方面的错误观念之外，儿童发展所存在的另一个最大障碍，就是如果他们不能取得好成绩就会受到家长的惩罚。如果一个孩子不能取得好成绩，他会发现他不会得到老师的喜爱。他在学校已经为此烦恼不已，回到家里还要面对家人的冷言冷语。父母会责备他，甚至对他进行打骂。

老师应该知道不良的成绩单会带来什么样的后果。在有些老师看来，如果学生不得不把成绩单交给父母，那么他会因此而更加刻苦学习。但是，这些老师并不了解某些家庭的特殊情况。有些孩子的家庭教育非常严格，甚至可以说严厉。出身于这种家庭的孩子会举棋不定，犹豫着要不要把不好的成绩单带回家。结果，他可能根本没有回家的胆量，在某些极端的情况下，他甚至会出于对父母的恐惧心理而绝望自杀。

老师当然没有义务对学校的制度负责，他们完全可以用自己对学生的同情和理解来使学校制度非人性和苛刻的一面得到某种程度的弥补。对于那些出身于特殊家庭的孩子，老师不要对他们那么苛刻，可以更加宽容一点儿并适当地给他们些鼓励，而不是把他们往绝路上逼。那些总是不能取得好成绩的孩子会感到心情沉重和压抑，他总是被别人说成是学校最差的学生，结果他自己也会产生相同的看法。如果我们能设身处地地想一下，就不难理解这些孩子讨厌学校的原因了，这也是人之常情。如果一个孩子总是成绩不佳，总是受到批评，他奋起直追的自信心就会逐渐丧失，自然就会讨厌学校，甚至想办法逃离学校。所以，如果我们遇到这种逃学旷课的孩子，也是不足为奇的。

虽然我们不必对这种情况的发生感到大惊小怪，但还是要清楚认识其中的含义。我们应该注意到，这仅仅是拉开了一个糟糕的序幕，这种情况通常会在处于青春期的孩子身上发生。为了逃避责罚，他们会修改成绩单、逃学旷课等。他们很容易和具有相同经历的学生为伍并形成帮派，慢慢走上犯罪的道路。

如果我们赞同个体心理学的看法，即不管什么样的孩子都是可以挽救的，那么，这一切都是能够避免的。我们认为，总能找到帮助这些孩子的方法。即使遇到非常糟糕的情况，也能找到出路。当然，其中的关键是我们要想方设法去寻找。

学生留级的坏处是众所周知的。在老师看来，留级生一般都会给学校和家庭造成麻烦。虽然这并不是普遍情况，却很少有例外发生。绝大多数的留级生都会反复重读好多次。他们总是落后于其他人，这是由于他们的问题从来没有得到真正的解决。

让什么样的孩子留级，这的确是一个很困难的问题。然而很多老师成功地避免了这个问题。他们利用假期对孩子进行辅导，帮助他们找到生活方式中存在的错误行为并进行矫正，从而不至于使这些孩子留级。如果学校设有这种特殊的辅导老师，那么这倒是一个具有良好示范作用的方法。我们有上门为孩子进行家教的社会工作者，却缺乏这种补课的辅导老师。

在德国，并不存在上门为孩子进行家教的制度，看来似乎也不需要这种老师。公立学校的任课老师对孩子有着最为清楚的认识。如果他能对孩子们进行正确的观察，他就会比其他人对班级的真实情况更为了解。也许有人认为，一个班级有很多人，任课老师不可能做到对每一个学生都了如指掌。但是，如果孩子一入学我们就注意对他们进行观察的话，我们很快就会对他们的生活方式有所了解，这样也能够避免一些后来观察的实际困难。即使是再大的班级，这也是能够做到的。很明显，我们了解这些孩子后更能给他们提供良好的教育。当然了，一个班级有过多的学生并不是一件好事，应该尽量避免，但这并不是一个无法克服的困难。

从心理学的角度来讲，我们最好不要每年更换老师，或像有些学校那样，每隔半年就把原来的老师都换掉。最好能让老师跟着班级一起进入新的年级。如果一个老师能连续两年、三年，甚至四年一直执教同样的学生，这是一件非常有益的事情。因为这样的话，老师就有机会仔细地观察和了解所有的孩子，察觉每个孩子的生活方式中存在的错误，并能及时给予矫正。

有些学生会跳级。但对于跳级是否是一件好事目前还是见仁见智。由于跳级而带来的过高期望往往并不能使这些学生感到满足。只有班级中那些年龄相对较大的学生（如果他们有很出色的表现）被允许考虑跳级。那些曾经留级后来又奋起直追且经过自己的努力也取得出色成绩的孩子，也可以考虑让他们跳级。我们不能因为学生学习成绩优秀或因为他比别人懂得多，就把跳级作为对他的一种奖赏。如果这些成绩优异的学生把一些时间投入到课余爱好如绘画、音乐等方面，这对他们来说是大有裨益的。此外，这对整个班级来说也是好事，因为这对其他学生来说是一种激励。抽走班级中表现很好的学生并不是一件好事。有人可能会说，我们总要为那些聪明出色的学生提供发展的空间。对此，我们不敢苟同。相反，我们认为，正是在成绩优异的学生的带动下，整个班级才能取得更大的进步，并获得更大的前进动力。

如果对快班和慢班学生的发展情况进行一番探讨也是很有意思的。我们可以惊奇地发现，有些快班学生的智力事实上存在着很大问题，而慢班的学生也不是像很多人所想象的那样智力低下，只是他们都来自于贫困的家庭而已。贫困家庭出身的孩子在学校通常都会得到呆笨的名声。这是因为他们并没有充分的入学准备，这并不难理解。他们的父母由于十分辛苦、忙碌，因此很少有空闲来关注自己的孩子，或这些父母所受的教育并不能达到教育这些孩子的水平。因此不应当把这些对学校生活准备不足的学生编入慢班。在孩子的心目中,被编入慢班是一件不光彩的事情,会遭到同学们的嘲笑。

要想使这种孩子得到更好的照顾,发挥辅导老师的作用是一个不错的选择。我们之前已经对此进行了讨论。除了辅导老师外,我们还应该设立儿童俱乐部,这样孩子们就可以得到更多的辅导。可以让他们在这里做家庭作业、玩游戏、读书等。这样就可以使他们的勇气得到锻炼,从而增加自信,而在慢班里,他们只能感受到灰心和丧气。如果再给这种俱乐部配备更多的游乐场地,那么这些孩子就可以彻底远离街道,避免不良环境带来的影响。

在教育实践的争论中,男女同校一直是一个无法回避的问题。有人认为,原则上讲,我们应该提倡男女同校的发展。这是一种增进男女学生之间相互了解的好方法。然而,认为男女同校可以任其发展却是一种极为荒谬的想法。男女同校会涉及一些需要慎重对待的特殊问题,否则,肯定是弊大于利的。例如,人们通常不会注意到这样一个事实,那就是在16岁之前,女孩子的成长发育要比男孩子快。如果男孩子对这一点一无所知的话,那么,当他们看到女孩发育得比他们快的时候,心理通常就会失衡,并和女孩展开一场没有价值的竞赛。学校的管理者和任课老师都必须在其工作中对诸如此类的情况给予高度的重视。

如果老师喜欢男女同校,并且对其中可能存在的问题有

## 第 10 章 学校里的儿童

所了解，那么男女同校就可以获得应有的成功。但是，如果老师对男女同校非常反感，并认为这是一种负担，那么他们的教育和教学就必然不能成功。

如果不能对男女同校的制度进行很好的管理和应用，又缺乏对孩子们正确的引导和教育，出现有关性方面的问题就是不可避免的。在第 12 章中我们将对学校的性教育问题进行详细的探讨。这里只是指出性教育是一个极为复杂的问题。实际上，学校并非适合进行性教育的场所，因为当老师在整个班级面前谈论性问题的时候，他并不清楚某些学生会做出怎样的反应。当然，如果学生私下询问与性有关的问题，那就是另一回事了。如果女孩对这方面的问题进行询问，老师不应该对此回避，而应进行正面的回答。

前面我们主要讨论了教育管理方面的问题，这有些稍稍偏离了主题，现在让我们继续回到本章问题的核心进行讨论。如果我们能够了解儿童的兴趣并发现他们擅长的科目，我们总可以找到对他们进行教育的合适方法。成功可以促使更多的成功发生，对教育来说是如此，对人生的其他方面也概莫能外。这就意味着，如果一个孩子对某一学科有浓厚的兴趣，并在这方面取得了成功，那么他就会因此而受到鼓舞，并使他尝试学好其他科目。让学生在一个成功的激励下不断获得新的知识，取得新的成功，这正是老师的职责所在。学生自己并不清楚怎样才能做到这一点，不知道怎样依靠自己使自己得到不断提升，这与我们所有人的经历是相同的，在我们从无知迈向有知的过程中难免会感到困惑，这时候我们就需要别人的帮助。对于学生来说，能在这方面给他们提供帮助的就是老师。老师如果能做到这一点，他就会发现，学生们也会对这一点有所认识并予以积极配合。

上文中与找出孩子感兴趣科目相关的讨论，对孩子的感觉器官也同样适用。换句话说，我们必须弄清楚孩子最经常使用的是哪种感觉器官，并确认他们所喜爱的感觉类型。有些孩子受到过视觉方面的良好训练，有些孩子受到的则是听觉方面的良好训练，还有些孩子受到了运动方面的良好训练，等等。近年来，一种所谓的劳动学校逐渐流行起来，这些学校实行这样一种正确原则，即把科目教学和孩子的感官训练结合在一起。这些学校由此取得了成功，这表明了利用孩子的感官兴趣是很重要的。

如果老师发现某个孩子习惯用眼睛，属于视觉类型，他就应该使教学的内容更便于眼睛的使用，例如地理。因为对这个孩子来说看的效果要好于听的效果。这只是老师通过对学生的仔细观察所得到的一个认识。老师还可以运用同样的方法获得其他与此类似的认识。

总而言之，老师负有一种神圣的、激动人心的使命，他们是人类灵魂的工程师，他们的手中掌握着人类的未来。

然而，我们怎样才能把理想变为现实呢？仅有美好理想的教育是不够的。我们还必须想方设法使理想变为现实。我很久之前在维也纳的时候就开始寻找这样的方法，而我寻找的结果就是在学校里建立教育咨询诊所㊀。

建立这种诊所为的就是用现代心理学知识给教育系统提供服务。诊所会在特定的日期举办咨询活动，有一位既精通心理学又了解老师和父母生活情况的优秀心理学家和老师们共同参与其中。聚集在一起的老师们都会提出一些有关问题儿童的案例，如懒惰、不遵守课堂纪律、小偷小摸等。先由老师对具体的案例进行描述，然后由心理学家分享自己的经验和知识，并和大家一起进行讨论：是什么原因造成了这些问题的产生？问题是什么时候出现的？我们应该如何应对？这其中需要分析这些孩子的家庭生活和整个心理发展过程。最后把所有信息综合在一起，针对一个存在问题的孩子给出一个详细的矫正方案。

这个孩子及其母亲后来也参加了咨询活动。在明确了如何对母亲开展工作的具体方式以后，先要和母亲谈一谈，并向这位母亲解释他的孩子为什么会遭遇挫折。接下来，由这位母亲详细说明这个孩子的情况，再由心理学家与她共同探讨。通常来讲，如果别人对自己孩子的案例很感兴趣，作为孩子的母亲应该会很高兴并积极配合。如果这位

---

㊀ 参见纽约格林伯格出版社阿弗雷德·阿德勒的《引导孩子》。该书详细介绍了这些诊所的历史、技术和成果。

母亲的态度比较糟糕，或充满敌意，那么老师或心理学家还可以向她介绍一些类似的案例或其他母亲的情况，直到消除她的抵触情绪。

最后，在确定了具体该如何帮助孩子之后，便让孩子来到咨询室，让他与老师和心理学家面对面。心理学家和他聊天，但对他的错误只字不提。心理学家就像给他上课一样，以一种能够被孩子所理解的方式客观地分析产生问题的原因和使他产生挫折感的观念和想法。在心理学家的帮助下孩子可以认识到他屡屡受挫而其他孩子却备受偏爱的原因，认识到他对成功不抱希望的原因等。

这种咨询方法一直持续了大约15年，在这方面经验丰富的老师感到很满意，他们也不想放弃持续了4到8年的工作。

在这种咨询活动中受益最多的还是那些孩子们。他们原来的问题得到了解决并恢复了健康的心理状态，他们学会了与他人合作，找到了勇气和信心。那些未曾去咨询诊所进行咨询的学生也会因此而获益。当班级中某个学生表现出潜在问题的时候，老师会让孩子们对此展开讨论。当然，这种讨论要在老师的指导下来进行，鼓励孩子们参与到讨论中来，让他们每个人都有表达自己看法的机会。他们开始分析某个问题（比如个别学生的懒惰）为什么会产生，最后会得出结论。尽管这个懒惰的孩子并不知道大家讨论的就是自己的问题，但他仍会从众人的讨论中收获很多。

通过这个简短的总结我们可以看出心理学和教育相结合的可能性。心理学和教育只不过是同一现实和同一问题的两个不同方面。要对心灵加以指导，首先就要清楚心灵是如何运作的。只有做到这一点的人才能运用他的知识来指导心灵，使其走向更高、更普遍的目标。

# 第11章

# 外部环境的影响

**CHAPTER 11**

个体心理学在心理和教育方面涵盖的内容非常丰富，外部环境的影响当然也是其中之一。古老的内省心理学太狭隘了，为了弥补这种心理学所忽视的事实，冯特[一]认为创建一种新的科学——社会心理学是十分必要的。然而，个体心理学却并不这样认为，因为它既注重个体心理，同时也没有忽略外在的影响因素。它并不只是专注于个体心理，而忽视对心理产生影响的环境因素，也不仅仅把注意力集中到环境因素上，而遗漏个体独特心理的重要性。

肩负教育责任的人或老师不能认为儿童只是从自己这里获得教育。外界因素也会波及儿童的心理，并对他产生直接或间接的影响。换句话说，外界因素对儿童心理状态产生影响是通过作用于儿童的父母及其心理状态来实现的。外在影响是不可避免的，所以，对个体心理学更不容忽视。

首先，所有的教育者都不能对经济因素给儿童心理造成的影响视而不见。例如，我们一定要记住，有些家庭世代都

---

[一] 威廉·冯特（1832—1920），德国心理学家，哲学家，第一个心理学实验室的创立者，构造主义心理学的代表人物。他的《生理心理学原理》是近代心理学史上第一部最重要的著作。——译者注

很贫困，总是艰难度日。这种家庭中笼罩着一种痛苦和悲伤的情绪，所以在这种家庭的教育下，他们的心灵总是感到压抑，总是受到经济问题的困扰，因而不可能产生一种健康的与人合作的心态。

另一方面，我们也要记住，长时间处于半饥饿或恶劣的环境中会在生理上对父母和儿童产生不利影响，而且这种生理影响进而会波及心理方面。这种影响在第一次世界大战后欧洲出生的儿童身上就表现得非常明显。与他们的前一辈人相比，这些孩子出生和成长的环境要恶劣得多。除了经济环境会对儿童的成长产生影响外，父母由于缺乏生理卫生方面的知识而带来的影响同样也不容忽视。这种知识的缺乏与父母羞怯、溺爱的态度是分不开的。父母会过分宠爱自己的孩子，担心他们吃苦受罪。但是，有时父母们却显得不够细心，比如，在他们看来，随着年龄的增长，脊柱变形的情况会慢慢好转并恢复正常。他们并没有及时带孩子去医院进行治疗。这无疑是一个错误，尤其对那些生活在医疗服务设施比较完善的城市中的父母们来说更是如此。不佳的身体状况如果未能得到及时治疗的话，就可能留下严重的疾病隐患，还可能造成心理创伤。从个体心理学的角度来看，每一种疾病都是心理上的一个"危险的暗礁"，所以要尽可能地避免"触礁"。

如果未能有效地避免"危险的暗礁"，我们可以通过培

## 第11章　外部环境的影响

养儿童的勇气和社会情感来使它的危险性降到最低程度。实际上，可以说，只有当一个儿童不具备充分的社会情感时，生理疾病才会对他的心理产生影响。对于一个认为自己已经融入周围环境的儿童来说，危险的疾病在心理上给他造成的影响不会像一个也患有同样疾病但被溺爱的孩子那样强烈。

通过病例可以看出，那些得了咳嗽、脑炎等疾病的孩子在心理方面都会产生问题。人们认为这些心理问题是由疾病造成的。但实际上，疾病只是诱发了这些孩子潜在的性格缺陷。在患病期间，孩子感觉自己仿佛获得了某种力量，因为他可以以此为理由来控制家人。他看到了父母脸上焦虑不安的神情，他明白那完全是由自己的疾病造成的。当疾病好了之后，他仍想继续获得家人的关注，并提出各种要求来控制父母以便达到这个目的。当然，这种情况只会在那些缺乏社会情感训练的儿童身上发生，因为他们把这作为表现自我的一种手段。

然而，有意思的是，疾病有时却能够使儿童的性格得到改善。我们可以用一个关于一位老师次子的案例来进行说明。这位老师曾经为这个孩子感到非常担忧，但又一筹莫展。这个孩子有时候会离家出走，他的学习成绩在班级里总是最差的。有一天，这位父亲把他带到了管教所进行改造，却发现这孩子患上了忧郁型肺结核。这个疾病需要父母长期的悉心照料。这个孩子的病好了之后，却变成了家里最乖的孩子。这孩子最渴望的就是父母能给予他额外的关注,而在生病期间,他确实得到了这样的待遇。他以前不听话是因为他那才华出众的哥哥给他的心理造成了阴影。因为他不能像哥哥一样得到家人的赞扬,所以他就持续地以各种叛逆举动进行抗争。然而,通过一场疾病,他开始相信,他也能够得到父母的喜爱,就像哥哥一样,他因此而学会了用良好行为来获取父母的关注。

这里还需要注意一点,疾病给儿童留下的印象通常是无法磨灭的。对于诸如危险的疾病和死亡等事情,儿童经常会感到惊讶或震撼。疾病留在心灵上的印记,会表现在后来的生活中。我们会发现有些人感兴趣的只是疾病和死亡。其中一部分人能够找到运用自己这种兴趣的正确之道,比如他们中某些人成了医生或护士,但大多数人始终担惊受怕,他们无法从疾病的阴影中走出来,这严重妨碍了他们从事有意义的工作。在接受调查的100多名女孩中,有将近50%的人承认,她们人生中最大的恐惧就是对疾病和死亡的想象。

所以,父母要注意尽量不要让孩子在童年时期受到疾病太大的影响。他们应该让孩子对此类事情有足够的心理准备,尽可能避免他们受到从天而降的疾病给他们带来的打击。要让孩子形成这样一种印象:每个人的生命都是有限的,但是要活得有价值。

在儿童生活中存在的另一个"暗礁"就是跟陌生人、家

## 第 11 章　外部环境的影响

里的熟人或朋友的接触。与这些人接触会对儿童心理造成不良影响的原因在于，这些人对孩子的兴趣并不是发自肺腑的。他们喜欢逗孩子开心，或在最短时间内做那些让孩子印象深刻的事情。他们给予孩子的或许是并不真实的赞扬，但却会使孩子的自信心极度膨胀，并变得自负起来。在与孩子短暂的接触中，这些人会尽力宠爱、纵容他们，这样会对孩子的正常教育产生不良影响。应当尽量避免这种情况发生。父母正常的教育方法不应该受到陌生人的干扰。此外，陌生人通常还会把孩子的性别搞错，把小男孩称为"美丽的小女孩"，或把小女孩称为"漂亮的小男孩"。这也应该尽量避免，其原因我们会在"青春期"一章中加以讨论。

　　家庭环境对于儿童成长的重要性自然也是不能忽视的，因为透过家庭，孩子可以看到家庭参与社会生活的情况。也就是说，孩子关于合作的最初印象完全来自于家庭环境。如果孩子成长在封闭的、不与人交往的家庭中，他们通常就会在家人和外人之间划上明显的界限。他们感到在他们的家庭和外部世界之间似乎存在着一条鸿沟将两者隔绝开来，在看待外部世界的时候他们也自然会持有一种充满敌意的态度。这种家庭与外部世界的社会关系不会取得进展，这会使孩子疑心更重，并只从自己的角度来看待外部世界。这对儿童社会情感的发展当然是不利的。

　　当孩子长到 3 岁时，就应该鼓励他们和其他的孩子一起做游戏，应该逐渐让他消除对陌生人的恐惧感。否则，日后这些孩子与陌生人接触时就会脸红、胆怯，并用敌对的态度来对待他人，在被过分溺爱的孩子身上这种情况经常发生。这样的孩子总想"排斥"他人。

如果父母能较早发现并矫正孩子的这些毛病，那么在孩子日后生活中就能避免很多麻烦。如果一个孩子在3～4岁的阶段受到了良好的养育，如果他们能在家长的鼓励下和其他孩子一起做游戏，如果他们具有集体精神，那么他们不仅不会在与人接触时产生心理障碍，也不会患上神经官能症或精神错乱症。只有那些生活封闭、对人毫无兴趣、不能与他人合作的人，才会患有这些症状。

在对家庭环境给孩子成长造成的影响进行讨论时，我们不得不提到家庭经济境况的改变对儿童的不利影响。如果富裕的家庭突然陷入贫困的境地，尤其是在孩子年幼的时候发生这种变故，给孩子的成长带来的不利影响是非常明显的。对那些受到过分溺爱的孩子来说，这种变故更难接受，因为他过去已经过惯了被人宠爱和关注的生活。他会十分怀念原来的优越生活，并对它们的逝去痛心疾首。

但另一方面，如果家庭一夜之间变得富有对孩子的成长来说也不一定是件好事。这样的父母可能一时间并不知道如何合理地使用如此之多的财富，在这方面更有可能对孩子犯错。他们觉得不必再在钱财方面小里小气了，他们会尽可能给孩子提供优越的生活，并宠爱和纵容他们。这样做的结果就是，在这种一夜暴富的家庭中，我们经常能发现问题孩子。在暴富家庭中成长的孩子通常会成为这种问题孩子的典型代表。

如果通过恰当的训练让孩子具备合作的精神和能力，就可以避免上述这类问题甚至是灾难。所有这些（外在）环境就像一扇扇敞开的大门，儿童借此来逃避有关合作精神和能力的训练，我们对此要多加注意。

不仅外在的物质条件如贫穷和暴富会对孩子的心理产生影响，不良的精神环境也会给儿童的成长造成困难。在这方面，我们首先想到的就是来自于家庭的偏见。这种偏见大部分都是由于家庭成员的不良行为所造成的，例如，父亲或母亲曾经做过不光彩的事情。这会在孩子的心理上产生很大的影响。这也会使他对未来充满了恐惧和担忧，总想远离同伴，生怕被人发现自己的父母是这样的人。

身为父母，我们不但肩负着教育孩子读书、学习和做算术的责任，而且要为他们提供一个健康成长的环境，这样，孩子就不会承受比其他孩子更大的压力。因此，如果父亲整日酗酒或脾气暴躁，他应该意识到这会对他的孩子产生影响。如果父母有不幸的婚姻，总是争吵，也会使孩子受到伤害。

这些童年经历会在孩子的心灵深处形成难以磨灭的印

记。当然，如果孩子拥有充分的社会情感，能学会与人合作，那么就可以消除这些经历所产生的影响。然而，这些经历造成的创伤却成为他与人合作的障碍。这也是为什么近年来在学校会兴起儿童咨询诊所运动的原因。如果父母由于各种各样的原因无法履行自己的职责，那么，这一职责将会由受到心理学培训的老师来承担，在老师的耐心指导下孩子将逐步走向健康的生活。

除了源于个人之间的偏见外，还有产生于国家、种族和宗教之间的偏见。我们总可以看到，这种偏见不仅会对受到侮辱的儿童造成伤害，甚至还会伤害实施侮辱行为的人。后者会因此而变得心高气傲、目中无人，他们会认为自己比别人优越，高人一等，并会尝试在生活中实现自己设立的优越目标，但他们最终都会以失败收场。

民族或种族之间存在的偏见往往是战争爆发的根源。如果想促进人类文明的进步，就必须消除这种给人类酿成大祸的偏见。在这方面，老师的职责就是解释清楚战争的真实根源，而不是让孩子轻易获得机会，通过舞枪弄棒来展示自己对优越性的渴望和追求。这并不是为以后的文明生活所需要做的准备。许多孩子后来开始了军旅生涯，多是由于童年时代受到的军事教育。除了这些参军的孩子外，还有许多孩子在儿时参加过打仗拼杀的游戏，在这种游戏的影响下，他们的心理在后来的生活中一般都是残缺不全的。他们总像战士那样争强好胜，永远也不懂得该如何与人和睦相处。

在圣诞节或别的节日，对于要送给孩子什么样的玩具作为礼物，应当引起父母特别的注意。父母应该尽量不要让孩子玩耍刀枪棍棒和进行战争游戏，同时也不要让他们阅读那些有关英雄崇拜的书籍。

对于怎样为孩子选择适当的玩具，有很多需要注意的地方。然而，一条基本的原则就是我们所挑选的玩具应该能培养孩子的合作意识、创造精神和能力。如果孩子可以自己制作玩具，当然会比玩弄那些如布娃娃和玩具狗之类的现成的玩具具有更大的意义和价值。顺便说明一下，我们还要教育孩子尊重动物，不要仅把他们视作玩具，而是要把它们当作人类的朋友，教育他们在面对动物时不要害怕，但也不要随意玩弄和虐待动物。如果发现孩子虐待动物，我们可以据此认为他可能会欺负弱小的孩子。我们要让孩子认识到，家里的小鸟、小狗和小猫等动物都是和人类一样的，它们同样具有喜怒哀乐各种感受。如果孩子学会了如何与动物相处，我们就可以将其视为他们做好了与人进行社会合作的一种准备。

孩子的成长中难免会有亲戚因素的影响。首先不得不说的是祖父母。对于这些祖父母的境遇，我们一定要以冷静客观的态度来看待。在我们这个时代，祖父母的处境多少会染上一些悲剧色彩。随着年龄的增长，他们本该有更大的发展空间，应该有更多的兴趣爱好。然而，我们的时代恰恰相反。老人觉得自己被社会遗弃，处在无人问津的角落里。这太遗憾了，因为他们可以做的事情还有很多，如果他们有更多的工作和奋斗机会，他们就会感到更幸福、更快乐，这是毋庸置疑的。我们不建议让一个60岁、70岁或80岁的老人从自己的事业上退下来。与改变他一生的计划相比，让他继续他的事业显然更加容易。然而，由于社会风俗的影响，那些仍然活力充沛的老人却被我们晾在一边，不闻不问。他们失去了继续展示自我的机会。这样做的结果是什么呢？我们会使对老人犯下的错误波及孩子。祖父母总是想方设法证明（他们原本可以不必这样做）他们仍然活力充沛，他们的存在对这个世界来说并不是一无长处。于是，他们总是对孙子、孙女的教育指手画脚，并试图证明自己仍然知道怎样去教育孩子，他们会对孩子体贴入微，溺爱纵容，但这种方式会带来灾难性的后果。

我们当然应该尽量不去伤害这些老人的感情。我们要为这些老人创造更多的机会，但要让他们明白，要把孩子作为一个独立的个体来看待，孩子不应该成为他人的玩物，也不应该把他们卷入家庭的纠纷中。如果老人和孩子的父母之间产生矛盾，那就让他们自己去解决吧！但是，千万别让孩子也身陷其中。

我们经常可以看到，那些心理疾病的患者，大部分都曾受到祖父或祖母的溺爱。对于为什么祖父母的"疼爱"会使孩子后来患上心理疾病,我们并不难理解。因为溺爱或者意味着过度纵容,或者意味着引起孩子间的相互竞争或妒忌。许多孩子会告诉自己说:"祖父最爱的就是我。"这样,一旦在其他人眼中他们不再是"最爱"的时候,就会感觉受到了伤害。

在其他可能对孩子成长产生影响的亲戚中,有一类非常重要,他们就是"聪明的表兄弟或表姐妹"。对孩子的成长来说,他们通常也会带来一些麻烦。当人们在一个孩子面前夸奖他的表兄弟或表姐妹既聪明又漂亮时,很显然这个孩子会因此感到苦恼。如果这个孩子有充足的自信心且具有社会情感,他就会明白,人们所说的聪明的意思只不过是"受到了良好的训练或进行了较为充分的准备",他自己也能通过某种方法达到那样的水平。然而,如果他像大部分人那样认为聪明是先天的,是与生俱来的,他就会产生一种自卑感,认为命运的安排是不公平的。于是,他在整个成长过程中都会受到阻碍。漂亮的外表当然是自然的馈赠,但是,它所具有的价值在当代文明社会却被过分夸大了。从儿童的生活方式中我们就能够看到这种错误,他因为不如表兄弟长得漂亮而感到困扰,这种情绪对心理产生的影响是不利的。甚至在20年后,这种对漂亮的表兄弟(或表姐妹)的嫉妒和羡慕之情还依然存在。

要避免让孩子的成长受到这种因他人的漂亮外表而造成的伤害，唯一的方法就是让孩子认识到，与外表美比起来，与人相处的能力更为重要。当然，外表美自有其价值，我们没有人喜欢丑陋的外表，我们更希望得到美丽的外表。然而，我们在对生活进行理性的规划时，不能把一种价值与其他价值分割开来，也不能将提升某一种价值作为最高目标。对于外表美来说当然也是如此。一个人拥有美丽的外表，并不意味着他能过上理性、和善的生活。事实上，在有犯罪行为的人中，除了个别相貌丑陋者之外，也有一些容貌姣好的孩子。我们不难理解这些拥有美丽外表的孩子会走上犯罪道路的原因：他们明白自己有漂亮的外表，受到人们的喜爱，他们以为这样自己就可以不劳而获。他们并没有做好充足的生活准备，但后来他们却发现，不付出就无法解决自己的问题。所以，他们就选择了一条不劳而获的捷径，那就是犯罪。就像诗人维吉尔⊖所说："通往地狱的路走起来最为容易。"

---

⊖ 普布留斯·维吉留斯·马罗（拉丁文：Publius Vergilius Maro，常据英文 Vergil 或 Virgil 译为维吉尔，前70—前19），是奥古斯都时代的古罗马诗人。其作品有《牧歌集》（Eclogues）、《农事诗》（Georgics）、史诗《埃涅阿斯纪》（Aeneid）三部杰作。其中的《埃涅阿斯纪》长达十二册，是代表着罗马帝国文学最高成就的巨著。因此，他也被罗马人奉为国民诗人，被当代及后世广泛认为是古罗马最伟大的诗人，乃至世界文学史上最伟大的文学家之一。——译者注

## 第 11 章 外部环境的影响

　　这里还有必要对孩子的读物再补充几句。究竟孩子适合阅读什么样的书呢？童话故事应该怎样处理才能让孩子阅读？怎样让孩子阅读像《圣经》这样的书？这里重要的一点是，有一个事实经常被我们忽视，即孩子对事物的理解完全不同于成人。同样被我们忽视的一个事实是，孩子理解事物的依据是自己独特的兴趣。如果这个孩子非常胆小，他就会在《圣经》和童话故事中寻找赞成他胆小的故事，这样他就会一直胆小下去。我们需要在童话故事和《圣经》的某些段落加上评论和解释，让孩子理解它原来的意思，而不是仅凭他自己的主观臆断。

　　对孩子来说，童话故事当然是很受欢迎的，就连成人也能从中受益。但这里需要指出的是，今天的孩子对在特定的时间和地点下产生的童话故事有一种距离感。其中的时代差异和文化差异对儿童来说是很难理解的。他们读到的故事是在完全不同的年代创作的，当时的世界观与现在存在着很大的差异。故事里总会出现一个王子，这个王子也总会受到赞扬和美化，他的全部性格总是以一种迷人的方式展现出来。这类故事当然完全都是杜撰出来的。然而，对于一个需要对王子顶礼膜拜的时代，这种理想化的虚构无疑是恰当的，这种情况应该向儿童进行说明。要让他们知道这些神奇的故事都是人们经过想象和幻想而创作出来的，否则，他们遇到成长过程中的困难时，就总会试图寻找简便省力的捷径。例如，有一个 12 岁的小男孩在被问到他以后的理想是什么时，他回答说："我要做一名万能的魔法师。"

　　童话故事如果可以加上适当的评论，可以作为一种工具激发儿童的合作精神并使他们的视野得到拓展。至于电影，带一个 1 岁儿童去电影院观影可能不存在任何问题。但是，年龄大一点的孩子就会对电影的内容产生误解。甚至童话剧的含义也会经常被他们误解。例如，一个 4 岁的孩子曾在剧院里观看过一出童话剧，许多年过去了，他仍然相信这个世界有专门出售毒苹果的老妇人。许多孩子都无法正确地理解电影的主题，或对电影进行草率、主观的判断。这种情况下，父母应该就电影的内容向他们进行解释，直到确信他们已经有了一个正确的认识为止。

　　报纸对孩子的成长来说也是一种外在的影响因素。报纸的对象是成年人，其中并不反映孩子的看法。所以，应尽量不要让孩子阅读报纸。但是，也存在一些专门针对儿童的报纸，这无疑是件好事情。一般的报纸往往会给那些没有做好准备的孩子一种扭曲的印象，尤其是那些有关不幸事故的报道最能让孩子感到沮丧和压抑。孩子们会认为在我们的生活中到处都是谋杀、犯罪和各种事故。从许多成年人的谈话中，我们可以发现，他们童年时对火灾有多么大的恐惧感，这种恐惧又会给他们的心灵带来多么持续的困扰。

上面谈到的是教育者和父母在教育儿童时应当加以注意的几个方面，这些虽然不是影响儿童成长的全部外在因素，但却是其中最重要的部分，由此可以表明这些因素对儿童成长产生影响的一般原理。个体心理学还是要重申其中的两个最基本的概念："社会兴趣"和"勇气"。对这里所涉及的问题来说，这两个基本概念就像对其他的问题一样适用。

第12章

# 青春期和性教育

**CHAPTER 12**

关于青春期的图书可谓琳琅满目、不计其数。这的确是一个非常重要的主题，但这里强调的重要性绝不是人们通常意义上所理解的。我们每个人在青春期都有不同的表现。在班级中，我们可以发现各种各样的孩子：有的锐意进取，有的手脚笨拙，有的干净整洁，有的懒惰邋遢等。我们也发现，有些成人甚至老人的行为举止仍像处于青春期的孩子一样。从个体心理学的角度讲，这并不是什么稀奇古怪的现象，这只能说明这些成人在青春期阶段就没有再成长。事实上，从个体心理学的观点看来，青春期是任何一个个体都要经历的成长阶段。我们认为并不是任何成长阶段或任何环境都可以使一个人发生改变，它们只是一种准备性测试，即它们只是把过去形成的性格特征显现出来而已。

例如，有些孩子童年时受到非常严厉的管教，他们无法表达自己的看法，也感觉不到自己的力量。而一到了青春期，这些孩子就犹如挣脱锁链一般，他们的生理和心理都得到了快速成长。然而，有些孩子却过分依恋过去，找不到正确成长的途径，于是停止了成长。他们丧失了生活的兴趣，性格变得越来越内向，在童年时期被压抑的能量并没有在青春期爆发出来，他们所表现出的是童年时受到溺爱并因此而缺乏对新生活的准备的状态。

青春期比以前任何一个阶段都更能使人表现出一个人的生活风格。这无非是由于青春期比童年更接近真正的成人。这时更容易显现出他对生活的态度，显现出他是否易于与人相处，是否具有社会兴趣。

一个极度缺乏社会兴趣的人，会以一种非常夸张的形式表现其社会兴趣。对于那些处于青春期的孩子来说，他们的社会兴趣缺乏一种分寸感，他们一心只想为了他人而牺牲自己的利益。他们具有过分强烈的社会兴趣，从而使他们自己的成长受到阻碍。然而我们知道，一个人要想真正地投身于公共事业、为他人服务，就必须先把自己的事情做好，他必须有能贡献的东西才行，否则到头来还是一场空。

除此之外，我们还可以看到，许多14～20岁的青少年丧失了社会兴趣。他们14岁便走出了学校的大门，失去了与老同学和老朋友的接触和联系，而新的人际关系又还没有建立起来。在这段时期内，他们会感到自己完全脱离于社会。

接下来要讨论的是职业问题。一个人的职业态度会在青春期有所显现。我们可以看到，有些青少年在这个时期工作表现良好，并开始变得独立自主，这说明他们走上了一条健康发展的道路。然而,有些人却在青春期停止了成长。他们不能找到适合自己的职业,总是不断地折腾——不是频繁跳槽,就是经常转学等。仿佛除此之外,他们整天无事可做。他们压根就没想过去工作。这些问题并不是在青春期才形成的,而是过去就已经形成,只不过到青春期才明显地表现出来。如果我们能对孩子进行深入的了解,如果我们给孩子更多独立自主和表达自我的机会,而不是像童年时那样严密监视限制孩子的话,我们将会对孩子的发展产生更多有利的影响。

现在让我们来讨论个体生活中存在的第三个问题:爱情和婚姻。从一个青少年对待这个问题的态度中,我们可以看到关于他人格的哪些情况呢?他们的答案仍然与青春期之前的生活有着密切的关系,只是这个答案在青春期强烈的心理活动下显得更清晰、更准确。我们可以看到,在青春期孩子关于爱情和婚姻问题的认识有了更大的发展。有些青少年十分清楚自己该如何表现,或者浪漫,或者勇敢。但无论是浪漫还是勇敢都是正确对待异性的行为。

然而,有些青少年则走向一种极端。在性问题上他们显得非常羞怯。越是与成人的真实生活接近,他们对这个问题准备的不足就表现得越明显。我们可以依据他们在青春期的人格表现推测出他们未来的生活。因此,我们自然也就知道采取什么措施才能改变他们未来的生活。如果一个青少年对异性表现出非常消极的态度，我们只要了解一下他过去的生活，就会发现他在儿童时期可能非常好斗，父母对其他子女的偏爱可能会使他感到十分沮丧。结果，他认为自己应该一往无前，并开始变得高傲自大，拒绝一切与情感有关的事情。可以说，他这种对异性的态度所反映的正是他童年的经历。

我们经常发现许多青春期的孩子都向往离家出走。这是由于他们不满于家里的情况，因此便试图寻找机会与家庭断绝联系，不想再得到家庭的供养。然而这种供养对孩子和父母都是有好处的。因为孩子一旦遭遇无法克服的困难，他们会认为他们的失败是因为缺乏父母的帮助。

在那些住在家里的孩子身上也同样表现出离家的倾向，只不过这些孩子的向往没有那么强烈。他们会利用每一个可能的机会夜不归宿，因为晚间外出有更大的诱惑力，比静静地待在家里能获得更大的乐趣。这是他们对家庭无声的控诉。他们在家里感觉处处都受到拘束和看管，总是不自由。因此，他们从没有表现自我的机会，更不会有机会发现自己的错误。青春期是孩子开始表现自我的危险时期。

与之前相比，许多青春期的孩子会更加强烈地感到自己突然失去了他人的赞扬。也许他们在学校一直都表现得很优秀，得到了老师的充分肯定。接着他们突然转入一所新的学校，或进入一个新的社会环境，或更换一份新职业。我们知道，很多学生并没有把这种优秀的表现一直持续下去。他们似乎发生了很大的变化，而事实上，并没有改变发生，只是他们在新的环境中不能像在过去的环境里那样显示出他们真实的性格罢了。

由此可以看出，要想避免青春期的孩子产生这些问题，一种最佳的方法就是培养友谊。孩子应该多结交良师益友，家庭成员之间应该彼此信任。事实上，只有那些一直给孩子鼓励并成为其朋友的父母和老师，才能继续对处于青春期的孩子加以引导。除他们之外，任何想提供指导的人都会遭到这些孩子的拒绝。孩子会对他们充满怀疑，把他们看作外人甚至敌人。

我们会发现，有些女孩子会在青春期表现出对自己女性角色的厌恶，她们喜欢模仿男孩子。这是由于模仿青春期男孩子抽烟、喝酒、拉帮结派的坏毛病相比于模仿努力地工作要容易得多。这些女孩解释说，如果她们不模仿这些行为，就不会有男孩子对她们感兴趣。如果我们对青春期女孩子的这种情况进行分析就会发现，即使是在早年，这些女孩也从未对自己的女性角色感到满意过。但是这种厌恶始终潜伏着，直到青春期才明显地表现出来。所以，认真观察青春期女孩子的这种行为是非常有必要的，因为从中我们能够看到她们将如何对待自己未来的性别角色。

对于青春期的男孩来说，那些聪明、勇敢和自信的男性角色会大受欢迎。然而，也有些男孩子没有勇气直面自己的问题，不认为自己能够成为真正的、完善的男人。如果他们过去在男性角色教育上存在着某种缺陷和不足，那么，这种缺陷就会在青春期表现出来。他们脂粉气十足，行为举止都像个女孩，甚至模仿女孩子卖弄风情、忸怩作态等坏习惯。

和这种男孩子极端的女性化类似，我们也可以看到一些男孩子会表现得极端男性化，将男性的人格特征以极端的恶习展示出来。他们酗酒、纵欲，有时候甚至只为了表现和炫耀他们的男子气概而犯罪。这些极端化的恶习常常表现在那些渴望卓越、渴望成为领袖和渴望令人刮目相看的男孩子身上。

虽然从表面上来看，这种男孩子咄咄逼人、充满野心，但实际上，他们的内心往往都比较脆弱。美国最近就有一些这样的例子，比如希克曼、勒奥波德和罗伯。我们通过研究这类人的经历可以发现，他们总是寻求一种简单快捷的生活，总是想不劳而获或者一劳永逸。这种人看上去虽然积极主动但其实缺乏勇气，这恰恰是犯罪的孩子所具有的特征。

我们还可以发现，有些孩子还会在青春期第一次殴打父母。那些忽视人格统一性的人会觉得，这个孩子发生了突然的改变。然而，如果我们仔细研究一下之前曾经发生的事情，就会发现他们的性格其实一点都没有变，一切还都和从

## 第12章 青春期和性教育

前一样,只是他们现在拥有了更大的力量和更多的机会来实施这种行为。

另外值得注意的一点是,任何一个青春期的孩子都无法逃避这样一个考验,即他觉得必须要做点什么才能让人们不再把自己当作一个孩子。这种想法当然是非常危险的,因为当我们认为我们一定要证明点什么的时候,我们很可能会走得太远,做得太过。青春期孩子的情形当然也是这样。

这的确是青春期孩子所犯的最有趣的一个毛病。解决这一问题的办法就是向他们说明并指出,他们向我们做出这种证明是没有必要的,我们也不需要这种证明。这样我们或许可以避免他们的过激行为。

我们常会看到这样一种女孩:她们过分夸大对男性的喜爱之情,甚至达到为男性痴狂的程度。这种女孩总是和母亲吵个不停,总是感觉自己受到了压制(或许这是真实的情况)。为了激怒母亲,她们会随便与男人搭上关系。她们看到母亲为此而大发脾气的样子就会感到十分开心。许多因为和父母发生争吵或者父亲过分严厉而离家出走的女孩子,还会和男性发生初次性关系。

具有讽刺意味的是,这些望女成凤的父母正是由于对女儿监管过严而使她们成为坏女孩。错误不在于这些女孩,而在于她们的父母,因为他们缺乏心理学的相关知识,没有使自己的女儿为她们必然要经历的情境做好充分的准备。

父母们在孩子小的时候总想把她们保护起来,却没有对她们进行训练,让她们具有避免青春期陷阱所必需的判断力和独立性。

这些问题有时并不是在青春期出现,而是出现在青春期之后,例如之后的婚姻中。其中蕴含着相同的原理。只是她们是幸运的女孩,没有在青春期遭遇这种不利的情境罢了。然而,这种不利情境终究还是要发生的,所以,最关键的是她们自己要做好充分的准备。

这里有一个关于青春期女孩的例子。有一个15岁的女孩出身于一个非常贫穷的家庭,她的母亲总是需要照顾患病的哥哥。因此,她很早便察觉出父母对她和她哥哥给予的关注是不同的。后来,她的父亲也患病了。因此,她的母亲不得不同时照顾她的父亲和哥哥。这个女孩本来就缺乏父母的关爱,这样一来更是雪上加霜。她看到哥哥和爸爸受到关注和照顾,内心对这种关心和照顾也充满了强烈的渴望。不久,她的妹妹出生了,于是她失去了仅有的一点关注。也许是上天的安排,在她妹妹出生时,她的爸爸康复了,这样妹妹便获得了比她作为婴儿时更多的关爱,孩子在这方面是非常敏感的。

为了弥补父母关爱的缺乏,这个女孩在学校刻苦努力地学习。她成了班里最优秀的学生,所有老师都很喜欢她。由于她学习成绩出色,老师建议她去读中学。但是,到了中学的时候，情况发生了变化。所有的一切都成了过去，新的老师并不认识她，自然不会更多地关注她，因此她的成绩并不好。她对这种关注充满了强烈的渴望，但目前的情况似乎变得更糟了，不仅在家里得不到这种关注，在学校也得不到了。她被迫到别的地方去寻找这种关注。于是她就出去随便找了个喜欢她的男人。她与这个男人在一起过了两周的时间，然后这个男人就厌烦了。之后的情况我们可以预料。这个女孩会逐渐认识到，她想要的关爱并不是这样的。与此同时，她的父母对她非常不放心，并四处寻找她。后来她父母突然接到她的一封信，她在信中写道："我服毒了，放心吧——我很幸福。"很明显，在她追求幸福和关爱失败之后，接下来的想法就是自杀。然而，她没有自杀，她只是以自杀来吓唬她的父母，并通过这种做法求得父母的原谅。她继续一个人在街上游荡，直到被父母发现并带回家。

如果这个女孩能意识到她所做的一切只是因为想要得到关注，那么这所有的事情都不会发生，如果中学老师能尽早地了解女孩的情况并给她多一点关注的话，这一切也不会发生。不论在整件事的哪一个环节采取适当的措施，后来的事情都是可以避免的。

下面让我们来谈一谈有关性教育的问题。近年来，许多人把性教育问题过分夸大，甚至到了丧失理智的程度。按照他们的观点，每个年龄阶段都要进行性教育，他们过分夸大了因性无知而造成的后果。但事实上，如果我们对自己和他人过去在性教育上的经历进行一番观察，就会发现并不会存在如此巨大的危险和严重的后果。

从个体心理学的角度来看，在孩子两岁的时候就应该告诉他们自己是男孩还是女孩，并且告诉他们这种性别是无法更改的——男孩长大变成男人，女孩长大变成女人。孩子知道了这些，就算他们在性知识方面仍有欠缺，也不会遭遇很大的危险。只要让孩子认识到，不能用教育男孩的方式来教育女孩，同样也不能用教育女孩的方式来教育男孩。这样在他们的意识中就会有一个固定的性别角色，他也肯定会以正常的方式对自己的性别角色进行准备。相反，如果他认为自己的性别可以通过某种力量得到改变，那就会产生问题。而且如果父母总是表达出希望改变孩子性别的意思，也会给孩子造成麻烦。有些父母喜欢把女孩当男孩来教育，或把男孩当女孩来教育。他们让自己的孩子男扮女装或女扮男装来照相。有时人们会以男孩来称呼一个酷似男孩的女孩，这样做会给她带去很大的困扰。当然，这一切都是可以完全避免的。

我们还应该避免贬低女性和主张男性优越的观念。应该向孩子灌输男女平等的思想。这是非常重要的，它不仅可以避免女孩自卑情结的产生，也能够避免对男孩产生不利影响——如果教育男孩认为男性比女性优越，他们很可能把女孩仅仅视为发泄欲望的工具。如果我们能通过教育让他们认识到自己未来应当承担的责任，他们在看待两性关系时就不会用那样丑陋的眼光。

也就是说，真正的性教育不仅仅是向孩子解释性的生理知识，还要培养他们正确的爱情观和婚姻观。这一问题和孩子的社会兴趣是密不可分的。如果他没有足够的社会兴趣，就会对性产生一种玩世不恭的态度，并完全从满足自我欲望的角度来看待与性有关的事物。这其实也反映了我们文明的缺陷，在这种情况下，女性成为受害者，因为我们的文明对男性更有利，他们更容易发挥主导作用。但实际上，男性也同样是受害者，他们会因为这种不切实际的优越感而丧失对最基本价值的关注。

孩子没有必要过早地接受性生理知识方面的教育。我们完全可以等到孩子开始表现出这方面的好奇心、开始探究这方面情况的时候，再告诉他们。如果孩子非常害羞，不好意思问有关这方面的问题。那么，如果父母关注孩子的需求，就会知道在一个恰当的时候主动向他们讲述这方面的知识；如果孩子把自己的父母当作朋友，他们就会主动问这方面的问题。但是，我们在向他们做出解释的时候必须用一种可以被孩子所理解的方式，同时要避免给他们带去不必要的刺激或引起他们的性冲动。

我们需要注意的是，如果孩子明显表现出性早熟，也不必惊慌失措。实际上，在婴儿出生后的几周，性发育就已经开始了。婴儿肯定也有性快乐的体验，有时他们会故意刺激性敏感区。对于这种情况，我们完全不必大惊小怪。但是，我们要尽量阻止这种行为。如果孩子发现我们在这件事情上过分忧虑的话，他们就会故意持续这样做，以此来引起我们的关注。孩子的这种行为往往会让我们认为他们遇到了性问题，但实际上，他们只是想借助这个习惯来炫耀自己罢了。大部分儿童都会玩弄自己的性器官，因为他们明白这正是父母们所害怕的行为。这和小孩装病的心理并没有分别，因为他们发现，如果他们生病的话，就能够得到更多的关心和照顾。

父母应该避免过于频繁地亲吻和拥抱孩子来刺激他们的身体，这对孩子非常不好，特别是青春期的孩子。同时，我们也不要对孩子进行精神刺激来激发他们的性意识。孩子一般都会在父亲的书房里看到一些具有性挑逗意味的图片。我们在心理咨询诊所曾遇到很多与此类似的案例。实际上，我们不应该让孩子接触那些超越其年龄理解水平的与性有关的东西，也不应该带孩子去看性方面的电影。

如果我们能避免给孩子这些过早的性刺激，那么我们就大可不必担心。我们只需在恰当的时候对孩子进行真实、简单的解释，而不是去刺激孩子的身体或性意识。如果我们不想失去孩子的信任的话，千万不要欺骗孩子，这是很重要的

第 12 章 青春期和性教育

一点。如果父母能够得到孩子的信任，孩子就会相信父母对于性所做出的解释，就不会轻易相信同伴在性方面做出的解释——在我们有关性的知识中，大约有 90% 都来自同龄人。与那些在回答性问题时所运用的各种各样的托词和技巧相比，家庭成员之间的合作、信任和朋友般的关系要重要得多。如果孩子有过多或过早的性经历的话，他们后来往往都会失去对性的兴趣。这就是不要让孩子看到父母做爱的原因所在。如果条件允许，最好不要让孩子和父母在一个房间睡觉，当然，更不应该睡在同一张床上。兄弟和姐妹最好也不要住在同一个房间。父母应该留意孩子的行为是否得当，也不能忽视外界环境对孩子的影响。

我们在这里可以看到，孩子的性教育就像其他方面的教育一样，家庭内部的合作和友爱精神是一个至关重要的因素。有了这种合作精神，有了早期性方面的知识，有了男女平等的观念，那么在未来遇到任何危险的时候，孩子都能很好地应付。重要的是，他们已做好准备抱着健康的态度去迎接未来的人生。

第13章

# 教育的失误

CHAPTER 13

对孩子的教育，家长或老师绝不能有半点灰心丧气。不能由于自己的努力没有立刻取得效果而产生绝望的情绪；不能由于孩子垂头丧气、萎靡不振和极端地消极、被动而产生挫败感；同时也不能受到那些关于孩子有无天赋的迷信说法的诱导。从个体心理学的观点来看，为了培养孩子的精神意志，要尽可能多地给他们勇气和自信，要让他们意识到，任何困难都不是无法逾越的鸿沟，而是我们可以想方设法解决的问题。一分耕耘不一定总意味着一分收获。然而，如此之多的成功案例还是可以使那些没有取得预期结果的努力得到补偿。下面我们来看一个通过努力获得回报的有趣案例。

这个案例是关于一个读六年级的12岁男孩的。他不仅成绩很差，还对此不以为然。他有着不幸的经历。他由于患上了佝偻病，一直到3岁才学会走路。快4岁的时候，他只能说少量单词。他妈妈在他4岁时陪他去看了心理医生，医生告诉她无法对这个孩子进行矫正。然而，妈妈对此并不相信，她把孩子送到一家儿童指导学校。这孩子在学校取得的进步也十分有限，学校并没有给他什么帮助。6 岁的时候，他进入学校开始学习。最初的两年，因为在家里受到了额外的辅导，他勉强通过了考试。后来，他又很吃力地读完了三年级和四年级。

这个男孩在学校和在家里的情形是这样的：

在学校，他以极端的懒惰而全校闻名，还总是抱怨自己无法集中精力去听课。当他被同学们取笑时，也总是表现出一副比他们虚弱的样子。他还总是认为其他孩子不够友好，难以与他们相处，所以他也只有一个朋友，而且他很喜欢这个朋友，两人经常一起散步。老师也经常抱怨，他的数学很差劲，写作也不好。然而，老师还是相信，他可以像其他孩子一样把学习成绩提高。

从这些过去的经历和他所能做的一切来看，过去对他的治疗很显然是以一个错误的诊断为基础的。只能说这个男孩是被一种强烈的自卑感也就是自卑情结所困扰。在家里，他有一个很出色的哥哥，在父母看来，哥哥毫不费力就可以顺利升入中学。一般父母都喜欢在别人面前夸耀说自己的孩子没付出多少努力就取得了很好的成绩，在他们的影响下，他们的孩子也会喜欢这样的自我吹嘘。其实这个男孩的哥哥只不过是在上课时非常集中注意力，认真听讲，努力记住课堂上所学的东西，这样他就无需在家里花费更多的时间来学习也能取得不错的成绩。而那些上课不认真听讲的孩子不得不付出更多的努力在家里温习功课，因此就给人一个是他不费吹灰之力就可以取得好成绩的印象。

这个男孩与哥哥之间有如此之大的差异，不得不生活在一种巨大的压力下。他觉得自己的能力和价值都比哥哥差很多。他的妈妈也许经常会对他这么说，尤其是当她对这个男孩感到气愤的时候。他哥哥可能也会这么说，还会把他叫作傻瓜或白痴。如果他不服从哥哥，哥哥甚至会以拳脚相加。我们可以看到，他过去经历的结果就是：他认为自己是一个不如别人有价值的人。

似乎现实生活在一定程度上也强化了他的这种看法。同学们嘲笑他，学习上经常出错，上课也不能集中精力。每个问题都让他有一种恐惧感。这个孩子在班级和学校没有归属感。最终，毫无疑问，男孩开始相信，他无法摆脱目前所陷入的困境，也开始相信其他人对自己的看法是正确的。一个孩子如此心灰意冷甚至对未来感到绝望，真是可怜又可悲啊。

当我们试着以一种轻松愉快的方式与他交流的时候，我们不难发现他已经对自己失去了信心。这并不是根据他颤抖的身体和苍白的脸色判断出来的，而是缘于一个小细节：当我们问他的年龄时（事实上我们明知他12岁），他会说自己11岁，这是人们很容易观察到的。我们不要认为这个错误的回答是偶然的。我们曾经指出，出现这类错误是有其内在原因的。如果将孩子过去的生活经历和他对年龄的回答联系起来，我们就会发现，他对自己的过去还是念念不忘。因为那个时候他更小、更弱也更需要人们的爱护。

根据已经掌握的事实，我们可以重建他的人格系统。这个男孩并不想完成他这个年龄段有能力完成的任务，并以此获得肯定和认可。他认为自己不如其他孩子发展得全面，并坚信自己在与别人的竞争中不会取胜。他坚信自己不如别人，并尽可能地使自己的所有活动符合自己的这种想法。他虽然是 11 岁，但在某些情况下，他的行为却无异于一个 5 岁的孩子。

这个男孩在白天也会尿床，甚至无法控制自己的大便。据研究，只有在一个孩子觉得自己还是个婴儿或把自己想象为一个婴儿的时候，这种情况才会出现。这也是我们观点的证据之一，即这个男孩对自己的过去念念不忘，如果有可能的话，他就会回到过去。

在小男孩降生之前，他家里有一个保姆。保姆对男孩非常好，一有机会，保姆就代替妈妈来照顾他。我们知道男孩过去是如何生活的，知道他早晨赖床不肯早起，起床的时候需要花费很长时间，家人也是带着厌恶的表情对此进行描述的。所以，我们可以得出这样的结论：这个孩子也不愿意上学。对于一个无法和同学和睦相处、觉得自己一无是处并因此充满压抑情绪的孩子来说，是不可能喜欢上学的。

然而，他的保姆却说他想上学。实际上，如果他不生病，他是不会请求上学的。这至少和我们上面的判断是一致的。但是，应该如何对"保姆却说他想上学"这个问题做出解释呢？实际上，答案很简单，也很有趣：在孩子生病的时候，他就可以说自己想上学，因为保姆会这样回答他："你生病了，是不能去上学的。"他的家人当然无法明白这种表面上的矛盾，所以更不知道该怎么应对。他的保姆自然也不知道这个男孩的真正想法是什么，所以才以为他真的想上学。

由于前不久发生的事情，家长才把孩子送到我们诊所来接受治疗。这个男孩竟然用保姆的钱去买糖果吃。这说明他还会做出小孩子的举动，拿钱去买糖是非常幼稚的行为。只有年龄很小的孩子才会做出这样的举动，因为对糖果的渴望并不受他们的控制，同时他们也无法控制自己的身体机能。在心理学上这种行为蕴含的意义就是："你必须照顾我，要不然我就会调皮捣蛋。"这男孩不停地这么做，以此来获取人们对自己的关注，因为他对自己缺乏信心。如果我们把他在家里和在学校的情况进行一下对比，很容易就可以看到两者之间的联系。在家里，他能通过各种手段引起人们的关注，然而在学校，他的这种愿望却不能实现。但是，谁又能矫正孩子的行为呢？

这个孩子在没送到我们诊所的时候，人们都觉得他是个落后、自卑的孩子。然而，我们至少不应该把他归入这一类。他非常正常，如果他能获得自信，班里其他同学能做到的一切他同样也能做到。他总是以一种悲观消极的态度来对待每件事，在还没有付出努力之前，就认为自己已经失败了。从他的行为举止中，可以看到他极为不自信，老师的评语也是一个很好的佐证："不能集中精力、记忆力差、没有朋友等。"他的不自信和消沉的态度是如此明显，任何人都可以看出来。处于如此不利的境地之中，他给自己的定位已经很难改变了。

当他填完个体心理学问卷之后，我们和他又进行了沟通。除了这个男孩之外，我们还和与他有关的人进行了交谈。首先是他的母亲，这位母亲早已对他感到非常失望，只想让他勉强读完所学的课程，然后随便找个工作。接下来与我们交谈的是总是蔑视他的哥哥，他哥哥的态度和他妈妈的态度如出一辙。

后来我们问这个男孩："你长大后想做什么？"对于这个问题，男孩沉默了许久也没回答我们。这一点很重要，一个接近成年的人却不知道自己将来想要做什么，这多少有点问题。当然了，很多人长大成人之后所从事的并非孩提时候所渴望的职业，然而，这是无关紧要的。至少，这些人曾对这种职业抱有幻想和希望。在孩提时代，他们想从事司机、警卫和乐队指挥等他们亲眼见到过的并自认为具有无穷魅力的职业。但是，对于一个没有实际目标的孩子来说，我们可以认为他还没有把注意力从过去转移到未来。也就是说，他们回避未来，回避所有有关未来的话题。

这似乎与个体心理学的一个基本原则并不相符。我们不是一再强调所有儿童都有一种追求卓越的心理吗？我们不是想要说明所有的孩子都想发展自己、使自己变得更强大、想获得成功吗？而我们面对的这个孩子所希望的却是后退，希望自己变得弱小，希望得到他人的照顾和帮助。对于这一现象我们又该作何解释呢？事实上，精神世界的发展并不是直线进行的，它的背景极为复杂。假如我们从复杂的案例中得出的结论非常简单和天真的话，我们就总会出错。任何一个复杂的案例都有可能呈现出让人迷惑的一面，事物也会因此走向其相反的方向。至于这里所说的男孩，他不去寻求向前发展、追求优越性，反而渴望回到过去，他认为这样才可以让自己变得强大并获得一种安全感。如果对这个孩子的整体情况缺乏深入的了解，这种现象会让人感到费解。然而事实上，这类孩子的做法也存在着某些合理之处，尽管这种合理性有点荒唐。这类孩子在幼年弱小无助的时候其实拥有强大的支配力。既然这个男孩缺乏自信，认为自己什么事都做不好，那么，我们还能期望他愿意面对未来并努力奋斗吗？所以，他除了在人们不抱希望、不做要求的非常有限的范围内活动外，已经不会在别的范围活动了。由此可见，他只能在十分有限的范围内渴望得到他人的认可，这种认可就像他在弱小无助、依赖他人时获得的一样。

　　让我们感到棘手的对象除了男孩的妈妈和哥哥之外，还有他的父亲和他的老师。这样的咨询工作需要花费很大精力，然而，一旦我们得到了老师的帮助，事情就会变得很容易。这虽然是可能的，但却并不简单。许多老师思想守旧、墨守成规，心理分析在他们看来是一种有点另类的东西。其中也有的老师担心心理分析会减少他们的部分权威，或认为心理分析是一种不正当的手段。当然事实并非如此。心理学是一门科学，它不是短时间内就能掌握的，而是要经过长期的研究和实践。但是，如果以一种错误的态度来看待心理学，那么心理学对人们来说也不会产生多大价值。

　　宽容对教育来说是一种非常必要的品质，这一点是很重要的。以一种开放的态度来对待新兴的心理学观点是很明智的，即使这些观点和我们现在的见解存在着某些分歧。就今天的情况来看，我们也无权对老师的观点给予断然的否定。那么，在这种情况下，怎样来解决这个男孩的问题呢？依据我们的经验，有效的方法只能是让这个孩子走出所处的困境，换句话说就是安排这个小孩转学。这样的处理方式不会对任何人造成伤害。不会有人知道究竟发生了什么，但这样做却可以使孩子摆脱一个沉重的负担。他进入新的学校学习，一切对他来说都是陌生的，他大可不必担心遭受别人的嘲讽和鄙视。但具体需要怎么操作，并不容易解释清楚。这与家庭环境有着密切的关系。对于不同的案例，处理的方式也会有所不同。然而，如果大部分老师都能对个体心理学有所了解，那么在处理这种孩子的问题时就会更容易一些，因为他们会以一种理解的心态来对待这种案例，并能够提供相应的帮助。

第14章

# 对父母的教育

14

CHAPTER 14

之前已多次指出，此书专门为家长和老师而写。他们可以从书中对孩子心理生活的新见解中获益。在之前的文章中，我们并没有注意孩子的成长和教育是受父母还是老师的影响，只在意孩子能否获得良好的教育。这里的教育当然不是指学校课程的教育，而是指人格发展，这比课程教育更重要。虽然现在的父母和老师都对教育工作有着不可忽视的作用，父母可以纠正学校教育的不足，老师则可以弥补家庭教育的缺陷，但是在现实社会中，城里孩子的教育工作往往是由老师承担。老师教育孩子是他们的职业兴趣和职责所在，相比之下，父母对新的观念并不敏感。在个体心理学中，让孩子为明天做好准备的希望主要寄托在学校和老师观念的改变上，尽管家长的配合也是不可缺少的。

老师和家长在教育方面会不可避免地产生冲突。一个主要的原因是，老师的纠正性教育缘于家长教育的不成功。这一点上，老师的教育很容易被家长认为是对他们的指控。在这种情况下老师应该如何与家长相处呢？

接下来就来讨论这个问题。这种讨论应该是站在老师的立场来进行的，因为老师需要把处理与家长的关系作为一种心理问题。当家长看到下面的讨论，请不要不满意，这里并无冒犯之意，这种讨论只针对那些不明智的家长，这些家长是老师一定要面对的普遍对象。

很多老师反映，和问题儿童打交道反而比与问题儿童的家长打交道更容易。很多经验表明，和这些家长打交道需要老师采用一定的策略。老师必须首先要知道孩子的家长并不需要为孩子的所有问题负责。毕竟，在教育孩子方面他们并不专业，通常也只能按照传统方式来管教孩子。如果因为孩子的问题家长被老师叫到学校，会让他们感到自己像是被指控的罪犯。这也能从他们内疚的心理上反映出来，所以需要老师运用策略来处理。老师应该想方设法地把家长的这种情绪向友好、坦率的方向引导，使自己以一个善意的帮助者的角色出现在他们面前。

我们即使有充足的理由也绝不应该指责家长。如果我们能和家长协商一致，使他们的态度有所改变，并让他们能遵从我们的方法来做事，那么我们在教育上会更容易取得成就。直接指出他们过去的错误，这于事无补。让他们采纳新的方法才是我们所要做的。居高临下地指出他这里不对，那里也不对，只会得罪他们，使他们不愿配合我们。冰冻三尺非一日之寒，孩子变坏也有一个历史过程。家长通常也会意识到他们在对孩子的管教中忽视了什么，但千万不能让他们察觉我们也这样认为。切记不可教条地和他们说话，即便是提建议，也不应该用命令的语气，而是尽量用"可能""也许"或"你可以尝试一下"等建议性的口吻。即便是我们知道他们错的地方和原因，我们也不能贸然指出，让他们有种被人强迫去做的感觉。这并不是要求每个老师都能运用这些策略，也不是说这些很快就能被掌握。有意思的是，富兰克林曾在自己的自传中表达过相同的想法。他写道：

"一个公谊会教派○的很友善的朋友曾告诉我，很多人都认为我高傲自大，尤其是在谈话时表现得更加明显，在对某些问题的争辩上我经常流露出盛气凌人、飞扬跋扈的姿态。他还举出可以证明我骄傲的许多例子。因此，我下定决心要努力改掉这种毛病，摒弃这种愚蠢的品性。当然我还有其他的毛病，这只不过是其中之一。所以，我在自己的道德清单上增加了一条谦卑的要求，这里我指的是广义上的谦卑。

"我不敢说自己已经真正拥有了谦卑的美德，但我已经努力做出谦卑的样子。我约束自己绝不正面对抗别人的观点，也绝不直接肯定自己的观点。甚至在我的强迫下，我开始认可我们圈子中的古老信条，在表达一个确定的观点时尽

---

○ 公谊会教派（Society of Friends, the Religious Society of Friends），基督教新教教派。也被称为"贵格会""贵格宗""教徒派""友爱会"或"朋友会"。1688年，该会由福克斯创建于英国，属于属灵派基督教团体。该会源自17世纪的若干宗派之一，旨在反抗国家所统治的教会与某些被认为倾向于罗马天主教教会的教义与仪式。——译者注

量不去使用'肯定''当然''我赞同'或'毋庸置疑'等词语，而是要使用'我认为''我是这样理解的''我想这可能就是事情的真相'或'目前在我看来'。当有人提出一个我们认为是错误的见解时，我并不给予直接的反驳，并不直截了当地指出他们观点中错误的地方，而是说'在某些情况下他的看法存在着合理之处，然而，我认为当前的情况似乎有点不同'等等。我发现这种改变很快就带来了益处。我可以和他人更愉快地交谈了。我以这种谦卑方式提出的观点，也更容易被人们所认同，同时也遭到更少的反对，就算自己的观点是错的，也不至于羞愧难当，如果自己刚好是正确的，别人也更容易被我说服而站在我这一边。

"我最初这样谦卑地与人相处时，不得不压抑自己的性格倾向。但是，时间长了之后就会习惯成自然。这也许就是我为什么50年来未曾说过一句教条式话语的原因。早年间，我曾提议建立新制度或对旧制度进行改造，这曾对民众产生很大的影响。后来在我担任议员时，也曾对议会产生重大影响，这些全部都得益于这种谦卑的品德（当然更得益于我的真诚和正直）。事实上，我并没有什么演说技巧，更不会滔滔雄辩，我也很犹豫该如何遣词造句，我的表达也不是很准确，然而，人们一般还是会认同我的观点。

"事实上，在人的自然情感中最难克制的就是骄傲。虽然我们试图掩盖它，和它战斗，打败它，阻止它，克制它，但却无法将它消除,它随时都会表现出来,在历史中我们可以经常看到它。甚至就算我们以为自己彻底克服了骄傲的情绪,我们也可能为自己现在的谦卑而感到骄傲。"

当然,这一观点并不适合所有人的生活。我们不能期望或要求别人和我们一样。然而,富兰克林的话还是可以说明,这种盛气凌人、总想置人于死地的做法是多么地不合时宜、没有成效。适合生活中一切情景的基本规律根本就不存在。如果一个规则超出了自身的限度,就会失去效力。的确,生活中的某些见地是需要措辞激烈一些的。然而,如果我们考虑到老师和已经感到羞辱并为自己的问题孩子而忧心如焚的家长的情况,如果我们考虑到在家长不合作的情况下我们将无所作为,那么,为了解决这个孩子所遇到的困难,我们必然要采取富兰克林的方法。

在这种情况下,完全没有必要去证明谁正确或显示自己的优越,关键是找出一个有效的方法来帮助孩子。当然,其中肯定会遇到很多困难。许多家长都不愿听取别人的任何建议。他们会感到惊奇、愤怒、不耐烦,甚至会产生敌意,因为老师把他们和他们的孩子置于这样一种令人不快的境地。有时候,这种家长对自己孩子的毛病会视若无睹、得过且过。然而他们现在却不得不睁开自己的双眼,这当然不会是一个令人愉快的过程。所以,可以想象,当老师过于急切地向家长报告孩子的毛病时,他们当然不会得到家长的支持。

更有甚者，他们对老师大发雷霆，给人一种拒人于千里之外的感觉。这时，最好告诉这些家长，老师的教育若想取得成功，必须依赖于他们的配合、协作，使他们能够平心静气地和老师进行交流。我们要记住，家长过于墨守成规，当然不能一下子从中解脱出来。

假如一个家长已经习惯了用严厉的批评和严肃的表情使孩子失去信心，那么，在10年之后他不可能发生突然改变，转而使用一种友好、仁慈的态度和方式。需要注意的是，就算这位父亲的态度发生了突然的改变，起初在孩子看来，这种变化也未必是真实的。他会认为这是一种假象，要经过很长时间，孩子才肯相信父亲这种态度转变的真实性。对高级知识分子来说也同样如此。有一位中学校长曾不断地对自己的儿子横加指责和批评，几乎把孩子逼到了崩溃的边缘。在和我们的交流中这位校长也意识到了这一点。他回家以后，对自己的孩子进行了一番严厉的说教。然而，由于孩子的惰性太强，他又开始变得不耐烦起来，开始大发脾气。一旦父亲对孩子的举动感到不满，就会对孩子发脾气，进行严厉的批评。如果对于一个自认为是教育者的校长来说，这种事情都可能会发生，那么如何期待一个一直浸染在"应该用皮鞭去惩罚孩子所犯的每个错误"的教条中的普通家长转变思想？和孩子家长交流时，老师应该学会运用委婉而富有技巧的方法和措辞。

## 第 14 章 对父母的教育

我们要知道，在底层社会中大部分儿童都是在皮鞭下长大的。所以，来自这些阶层的孩子在学校接受矫治谈话之后，回到家中还要面对家长的皮鞭。一想到我们的教育努力常常会因为家长的皮鞭而前功尽弃，我们就不免感到无尽的悲哀。在这种情况下，孩子所犯的同一个错误经常要受到两次惩罚，而在我们看来，一次就已经足够了。

我们知道，这种双重惩罚所造成的后果是很可怕的。如果一个孩子必须把自己糟糕的成绩单交给父母，他会因为害怕受到父母的鞭打而不愿意让他们看到成绩单，但他也害怕学校的管理制度，因此，他会选择逃学或伪造家长的签字。对这些看似无关紧要的事情，我们千万不可掉以轻心。我们要考虑孩子的具体处境来处理他们的问题。我们要扪心自问：如果我们固执己见，会导致什么样的后果？会促使孩子做出什么样的行为？我们能确信我们的做法会给孩子带来积极有益的影响吗？孩子能承受我们给他们的负担吗？他能富有建设性地学习吗？

我们知道，在面对困难时，孩子和成人的反应有着巨大的差异。在教育孩子时，我们要认真、谨慎地对待，在我们对他们的生活模式进行重塑之前，我们要以冷静、客观的头脑探讨其可能产生的结果。如果对孩子的教育和再教育缺乏深刻的思考和理性的判断，我们就无法明确地控制自己教育的效果。对教育工作者来说，实践和勇气是两个不可或缺的基本要素，无论发生什么情况，总能找到办法来挽救问题儿童。首先，我们要遵循"越早越好"这条古老而有见地的法则。其次，我们不能机械地看待孩子的缺点，而应该将其视为孩子整体中的一部分，这样对于帮助孩子改正缺点才更有好处。

在我们的时代，对儿童的教育观念、教育方法会不断更新。在科学的引领下，陈旧的教育习俗和传统正在被逐渐破除。这些新知识使老师的责任变得更为重要，也使他们对儿童的问题有了更加深入的理解，同时也赋予他们更多的能力去帮助这些孩子。重要的是，我们要记住单个的行为如果脱离了整体的人格就会丧失其意义，我们只有联系整个人格，才能对个体行为进行更深入的研究。

Appendix A
附录A

# 个体心理学问卷

在实际操作中,不能以一种固定不变的或程式化的顺序来提出上面的这些问题,而应该建设性地通过谈话自然而然地提出。通过上述这些问题,我们能够正确地理解和把握孩子的个性。我们将会发现,错误不是得到辩护而变得合理化,而是变得可以认识和理解了。在向孩子解释他们在问卷中暴露出来的问题时,我们应该采取宽容的态度,而不是威慑孩子或大加指责。

1. 引起问题的原因是什么时候出现的?当第一次发现问题的时候,他所处的情境如何(心理或其他的)?

    与此相关的重要情境:周围环境的变化、开始上学、家庭中有其他孩子出生、学校中的失败和挫折、生病、父母离婚、父母再婚、父母死亡等。

2. 在问题出现前，是否存在一些特殊的心理或生理缺陷？例如在吃饭、穿衣、洗澡或睡觉的时候会害怕、粗心、拘束、笨拙、嫉妒、羡慕和依赖他人等。孩子是否惧怕独处或黑暗？是否了解自己的性别角色？是否了解第一性征、第二性征、第三性征？如何看待异性？对自己的性别角色有深刻的理解吗？是不是继子？是不是在正常的阶段学会说话或走路？学会说话和走路是不是存在困难？在学习阅读、绘画、唱歌和游泳时有没有明显的困难？是不是对父亲、母亲、祖父母或保姆有一种特别的依恋？

   我们有必要注意孩子是不是自卑、是不是对坏境极为敏感或充满敌意、是不是以自我为中心、是不是习惯于逃避困难等。

3. 孩子是否会制造许多麻烦？他最惧怕的是什么？最害怕的人是谁？是不是会在夜间哭喊？会不会尿床？有没有支配弱小者和强壮者的倾向？有没有和父母一起睡的强烈要求？其举止是不是显得笨拙？是不是患过佝偻病？其智力水平怎么样？是不是经常受人挑逗和嘲笑？在发型、服饰等方面父母是不是爱慕虚荣？有没有咬指甲或挖鼻孔的习惯？吃东西的时候是不是表现得很贪婪？

   了解他是不是满怀信心地追求卓越，了解他的固执是不是阻碍了他的行动力，这对我们来说将会有很大的启发意义。

4. 孩子是不是轻轻松松就能交到朋友？对人对动物是不是有爱心、是不是宽容，或是不是骚扰和折磨他们／它们？喜不喜欢收藏和储存？会不会吝啬和贪婪？有没有领导和指挥他人的意愿？有没有自我孤立的倾向？

　　这些问题与儿童的人际关系交往能力及其自信程度密切相关。

5. 根据以上问题，家长可以分析儿童目前的状况如何，他在学校有什么样的举动？他是不是喜欢学校？他会迟到吗？上学前有没有激动的情绪？上学是不是很仓促的样子？是不是经常丢失书本、书包和练习册等文具？在做作业和考试前，他会不会感到紧张？是不是会忘记做作业？会不会浪费时间？会不会懒惰？注意力有没有不集中？会不会扰乱课堂？他是如何评价老师的？他对老师的态度是批评、傲慢还是冷漠？在学习上他是主动请求别人帮忙，还是被动等待？他在体操和其他方面是不是有雄心？他认为自己的天赋怎么样，相对较低还是根本就没有天赋？他阅读的领域宽广吗？他喜欢哪种文学形式？

　　这些问题帮助我们理解孩子对学校生活所做的准备，帮助我们理解他们经历"学校新情境测试"的结果及其在困难面前的态度。

6. 我们还应该了解有关孩子、家庭的正确信息，其中包括家庭成员的身体状况，有没有酗酒的习惯，有没有犯罪倾向，是不是体质羸弱，是不是患有神经疾病、梅毒和癫痫等。是不是有家庭成员死亡？家里的氛围如何？家庭教育是不是很严厉？家庭成员对他是满腹抱怨、挑剔，还是过于溺爱？有没有使孩子恐惧生活的不良家庭影响？对孩子的监管情况如何？

  我们可以从孩子的家庭环境出发，考察孩子受到的影响。

7. 我们要考虑到孩子的出生情况：他是家里的长子、次子、幺子，还是唯一的孩子？孩子之间是不是存在竞争？是不是经常哭闹？有没有恶意的嘲笑？孩子有没有贬低他人的强烈倾向？

  通过这些问题，我们可以理解孩子的性格，理解孩子对他人的态度。

8. 孩子有没有形成职业的观念？他对待婚姻的态度如何？家庭其他成员从事的是什么职业？父母的婚姻生活如何？

  通过这些问题，我们可以发现孩子对未来是不是充满信心和勇气。

9. 他最喜欢哪项运动？他最喜欢的故事、历史人物和文学形象是什么？会不会在别人做游戏的时候搞破坏？是不是喜欢冷静地思考？是不是爱做白日梦？

  通过这些问题可以看出，他在生活中是否有扮演英雄角色的倾向。如果没有这种倾向的话，就可以认为他缺乏信心和勇气。

10. 孩子有哪些早期记忆？是不是对一些梦（比如飞行、坠落、无力和赶不上火车）有深刻的印象，或是经常会做诸如此类的梦？是不是会做一些与性相关的梦？

　　通过这些问题，我们可以了解他会不会有孤立封闭的倾向，是不是被警告要小心，是不是充满雄心壮志，是不是对特定的人或生活有所偏爱，等等。

11. 孩子在哪些方面表现得缺乏信心？他是不是觉得自己被忽视了？别人对他的夸奖他会不会积极应对？他有没有迷信的观点？是不是经常回避困难？是不是尝试过很多事情，但最终都是浅尝辄止？他对未来有没有计划？会不会相信天赋和遗传的不良影响？他所处的环境会不会让他心灰意冷？他对生活是不是持有悲观的态度？

　　通过这些问题，我们可以确定孩子有没有失去自信心，有没有走上一条错误的道路。

12. 孩子是不是爱耍小聪明？是不是有做鬼脸、装傻充愣、任性、出洋相等坏习惯？

　　为了引起别人的关注，孩子在这些方面会表现出些许的勇气。

13. 他有没有言语缺陷？外貌是不是丑陋？有没有畸形足？膝盖是不是内扣？是不是有罗圈腿？身材是不是矮小？是不是特别肥胖或瘦高？身材比例是不是协调？眼睛或耳朵有没有异常？反应是不是迟钝？是不是左撇子？夜

间会不会打呼噜？是不是特别漂亮？

　　孩子往往会夸大上述的这些不足和缺陷，并丧失自信和勇气。即使是那些拥有漂亮外表的孩子，也会经常在成长中出现问题，因为在他们看来，不需要付出就能得到很多东西。这种孩子会失去很多为生活做准备的机会。

14. 他会不会经常说自己能力不足，在学习、工作和生活方面"缺乏天赋"？是不是出现过自杀的想法？他的失败和闯祸行为之间有没有时间上的联系？是不是太在意表面上的成功？是低声下气、顽固执拗，还是桀骜不驯？

　　如果出现上述问题，说明他非常气馁，这种情绪在孩子徒劳地消除自己的问题之后会更加凸显。他之所以会失败，部分原因是由于他的努力没有获得回报。另外，是他对与之接触的人缺乏了解。但是，他自己对卓越的渴求总是要得到满足，所以他将注意力转移到了那些容易的事情上。

15. 找出孩子获得成功的事例。

　　我们从这些积极表现中能得到重要的启示。因为孩子在成功中表现出来的兴趣、倾向和准备很可能指向完全相反的方向。这种方向和孩子至今所走的方向是不一样的。

（用于诊断和矫治问题儿童，由国际个体心理学家学会拟定。）

Appendix B
# 附录 B

# 5个案例及其分析

## 案例 1

这个案例的主人公是一个 15 岁的独生男孩。他的父母都辛勤地工作，可以称得上是一个小康之家。父母给予孩子无微不至的关怀，孩子也健康地成长。所以，孩子度过了比较快乐的童年生活。他的妈妈人很好，心地善良，敏感易哭。妈妈在谈到有关自己孩子的事情时总是很吃力，断断续续的。我们对孩子的爸爸还缺乏一定的了解。在他妈妈的描述中，他是一个诚实、自信且精力旺盛的人，热爱家庭。在孩子很小的时候，如果孩子不听话，他爸爸就会这样说："我们不消除他的意志的话，将来他就会肆无忌惮。"所谓"消除他的意志"并不是对孩子循循善诱，而是一旦孩子做了错事，他就鞭打孩子。这样，孩子很小的时候就有了强烈的反抗意识，他想成为家里的主人就是这种意识的一种表现，这种想要支配整个家庭的欲望在被宠坏的独生子中经常可以看到。这男孩很小的时候就表现出一种强烈的不服从倾向，并形成了拒绝顺从的习惯。只要父亲不拿起手中的皮鞭，他就绝不服从。

我们在这里有必要了解一下孩子最突出的行为习惯——撒谎。他通过撒谎来逃避父亲的责打。引起他妈妈抱怨的也正是这一点。现在，这个男孩已经15岁了，他的父母却依然无法确定孩子是否在撒谎。我们通过进一步的了解得知，孩子有段时间曾在一所教会学校读书，那里的老师也抱怨孩子不服管教，扰乱教学秩序。例如，老师不是对他提问，他却大声回答；在老师上课的时候，他会突然打断老师并提出自己的问题；上课时和同学大声说话。他的作业字迹太潦草，难以辨认。他还是左撇子。最后，他的行为越来越过火，他越担心父亲惩罚他，就越是撒谎。他的父亲一开始还想让他留在学校继续他的学业，然而后来只能把他领回家，因为他的老师觉得他已经无药可救。

这个孩子很活跃，智力也没有异常。他读完公立学校后，要参加中学入学考试。考完试后，他对在考场外焦急等待的妈妈说自己能够通过这次考试。家人很兴奋，夏天还一起去乡村度假。后来，学校开学的时间到了。孩子经常说起中学发生的事情。他每天早上背着书包去上学，中午回家吃午饭。然而,有一天中午他去上学,他妈妈陪他走了一段,她听到有个人说:"这孩子不就是早晨给我带路去车站的那个吗?"她于是问孩子那个人说的话是什么意思,问他上午是不是没去学校。这孩子回答说,学校10点钟就放学了,在回家的路上那个人向他询问去火车站的路,他于是就带他去了。对这种解释他的妈妈表示怀疑,并把这件事告诉了他爸爸。他爸爸决定第二天陪他一同去学校。在路上,他爸爸一再询问他,后来才发现孩子并没有通过入学考试,他竟然从来都没去过学校,只是一直在街上闲逛罢了。

后来,家里给他请来了家庭老师,孩子最终也通过了入学考试。然而,他的行为却没有一点改善。他依旧扰乱教学秩序,还开始小偷小摸。他偷了妈妈的钱,却死不承认,直到家人威胁要把他交给警察处理,他才将实情和盘托出。接下来,这个案例演变为一出忽视孩子教育的悲剧。这个曾经骄傲地认为自己的孩子充满意志的爸爸,现在对孩子不抱任何希望。而对这个孩子来说,他得到的结果则是:家人不再理他,不和他说话,也不再管他。他的父母也声称以后任其自生自灭。

当问妈妈孩子从什么时候开始出现问题时,她回答说:"从出生的时候。"他妈妈的言外之意就是,既然父母尝试了各种各样的方法都没能教育好这个孩子,那么这个孩子的不良品行就一定是与生俱来的。

他在婴儿时期就表现得十分不安,总是不停地嚎哭,但在医生眼中,这个孩子很正常,也很健康。

这并不是表面上那么简单。婴儿哭泣本身并没有什么大不了的,但导致孩子哭泣的原因则是各式各样的。在这个案例中,男孩是家里的独生子,他母亲也缺乏养育方面的经验。孩子之所以哭泣,通常是由于他尿湿了,他妈妈却没有及时地意识到这一点,而以为他饿了,于是跑到孩子身边把他抱起来,喂他东西吃。她本应该找出孩子为什么会哭泣,给他换一个尿布,让他感到不再难受,就不用再管他了。这样的话,孩子自然就不会再继续哭泣了,更不会像现在这样给他造成不良的影响。

他妈妈说这孩子在学习说话和走路时候也没遇到什么困难,很轻松就都学会了,牙齿发育得也很正常。孩子虽然经常会毁坏玩具,但这并不一定意味着孩子性格不好。这个孩子的妈妈说:"他根本不能独自玩耍,哪怕一小会都不行。"这句话值得我们注意。妈妈应该怎样训练孩子独自玩耍呢?唯一的方法就是强行让他单独玩。要让孩子离开成年人的干预而学会独处。我们怀疑这个母亲从来都没有过这方面的尝试,她的一些话也证明了我们的这个判断。例如,她总是为孩子操碎了心,孩子也总是对她很依恋等。这是孩子最初渴望得到母亲的宠爱的表现,也是他心灵的最早印迹。

我们从来都没给孩子独处的机会。

他妈妈这样说,这显然是一种自我辩护。

他从未一个人独处过,甚至在今天,他也不愿独自一个人待着,夜间就更不可能独处了。

这同时也能表明了孩子对她的依赖程度之高。

他无所畏惧,更不知道害怕为何物。

这似乎不符合心理常识,也与我们的心理发现相矛盾。通过深入的考察,我们可以看到,这孩子从来都没有独处过,所以,他完全没必要害怕,因为对这样的孩子来说,害怕就是迫使他人和他在一起的途径。这样,他也没有必要恐惧,孩子在独处时就会表现出一种害怕的情绪。下面的一个陈述看上去似乎也有些矛盾。

他对爸爸的鞭子有一种特别的恐惧感。以此看来,他确实也有感到恐惧的时候。但是,鞭打结束后,他很快就会忘记,重新变得快活起来,就算有时候他会遭受更为严厉的鞭打。

在此我们可以看到一种可悲的对比:妈妈对孩子处处忍让、迁就,而爸爸却异常严厉,试图矫正妈妈过于软弱的一面。然而爸爸的严厉苛刻却让孩子越来越向往和妈妈在一起。换句话说,孩子会转向宠爱、纵容他的那个人,转向那个可以让他不用付出就能得到的人。

孩子6岁时在教会学校念书,这时他受到教士的监护。此时就已经有人开始反映这孩子的调皮、不安分和注意力不集中,这些抱怨大部分针对的都是孩子的行为,而不是他的学业。其中他的不安分和调皮显得格外突出。如果孩子想让人们注意他,还有什么比调皮捣蛋更好的办法呢?这个孩子渴望受到关注。对于妈妈的关注他已经非常习惯了,现在,他进入更为复杂的环境——学校,他同样也希望新成员可以关注他。老师对孩子的真正意图并不理解,只是一味地对孩子进行批评和惩罚,希望以此来使他"改邪归正",成为老师眼中所期望的人。孩子不得不为自己这样的举动付出代价,然而,他早已经习以为常了。他在家里受到爸爸严厉的打骂,读书的时候也是如此,可他却依然我行我素。这样的话,我们怎么能期望孩子在学校所允许的温和惩罚下有所改变呢?这种可能性太小了。当孩子来到学校学习时,他希望自己依然能获得关注,并将其作为一种补偿。

他父母告诉他,为了班级同学们能正常学习,他必须在课堂上保持安静,父母试图通过这些叮嘱使孩子不再调皮。当听到这些陈词滥调时,我们不禁怀疑这对父母是否拥有健全的常识。实际上,孩子和成人一样会有一个基本的判断,知道哪些是对的,哪些是错的。然而,孩子的注意力却不在于此，他想成为关注的中心，但保持安静是无法做到这一点的，而通过加倍的努力来获得关注又困难重重。一旦意识到他为自己设定的这种目标，我们就可以对他的行为做出合理的解释了。很明显，他爸爸的鞭打只能让他暂时安静下来。但是，他妈妈说，一旦他爸爸离开，孩子就依然如故。其实鞭打和惩罚只是让他的这种追求暂时中断了，其效果绝对不会持续很久。

他总是无法控制自己的情绪。

对那些渴望得到他人关注的孩子来说，发脾气显然是一种不错的选择。我们知道，人们通常会认为发脾气是达到目的的一种便捷的手段，这种情绪也是由这个目的所决定的。例如，在沙发上安安静静的孩子并不会发脾气。只有那些渴望得到他人关注的孩子，如本案例中的这个男孩，才会发脾气。

这个孩子不断地把家里的东西拿到学校，换成钱，然后和一帮朋友一起消费、娱乐。他的父母得知后，每天在他离家之前都要搜他的身。他无奈之下只能选择放弃这种行为，但立即又沉溺于搞恶作剧和扰乱课堂秩序。如果没有他父亲的严厉责罚，他用家里东西换钱的恶习也很难改掉。

对于他为什么热衷于搞恶作剧，这也可归因于他渴望受到关注的欲望，因为这样做会遭到老师的惩罚，从而显示自己对学校制度的挑衅。

他的这种恶劣行为后来逐渐减少了，但仍会不定时地发作，一如既往，最终学校把他开除了。

由此我们之前所说的观点也可以得到证实。这个孩子努力获取别人的认可，在此过程中自然存在许多困难，他自己对此也有所认识。除此之外，如果考虑到他还是个左撇子，我们对他可能会有更深刻的认识。不难想象，就算他要逃避各种困难，也总是躲不过去，更缺乏克服困难的勇气和信心。然而，他越是信心不足，就越是想证明自己值得关注。他不能停止搞恶作剧，直到校方忍无可忍将他开除。如果学校的目的只是不让一个调皮鬼打扰其他孩子的学习，那么，学校只能把他开除，这似乎有一定的合理性。但是，如果教育的真正目的在于矫正孩子的错误，那么开除就是不可取的了。孩子在家中既然很容易成为母亲关注的中心，那他就不必在学校用功学习了。

值得注意的是，某位老师提议将这个孩子送到一个儿童矫治之家，那里的管理比学校严格得多，但这种做法仍未取得任何效果。他的父母依旧是孩子的主要监护人。孩子每到周日都会回家一次，他对此感到很高兴。然而，就算儿童矫治之家不让他回去,他丝毫也不感到沮丧。这理解起来并不困难,他想表现得像个英雄,也希望别人把他当作英雄来看。对于遭受鞭打他并不十分介意,无论多么难以接受,他总是控制住自己,不让自己哭出来,不想丢掉男子汉的气概。

他的学习成绩并不是很糟糕,因为家里总有家庭老师教他。

由此我们可以发现,他缺乏独立性。老师认为,这个孩子如果肯安安静静地认真学习,会取得更好的成绩。我们相信这孩子能取得好成绩,因为除了智力方面有问题的孩子,其他孩子都能取得好的学习成绩。

他没有绘画的天赋。

这很重要,因为通过这种陈述我们可以看出,他右手的笨拙并没有被完全克服。

他体操很好。他学习游泳也很快,并且不害怕危险。

这表明他的勇气并没有彻底丧失,他只是把自己的勇气用在了那些不重要的事情上,因为他认为这些事情更加容易,而且肯定也能获得成功。

他从不知道害羞，他会把自己的想法告诉任何人，不管对方是学校的门卫，还是学校的校长，虽然他曾多次被警告不要如此鲁莽冒失。

我们知道，对于别人不准做这、不准做那的要求他从来都是满不在乎的样子，但是，我们并不能认为他的这种不知害羞表现出的是一种勇气。众所周知，大部分孩子都能意识到老师、学校管理者和他们之间的距离。这个孩子连父亲的鞭打都不怕，自然更不会害怕校长，为了表明自己非常重要，他会鲁莽、放肆地说话，并常常将其作为一种达到自己目的的手段。

对于自己的男性角色，他并没有明确的认识，但是，他经常说自己不喜欢成为女孩。

但这并不能表明他对自己性别的明确态度，像他这种拥有不良性格的孩子通常会有轻视女孩的倾向，并从这种轻视中体会一种男性的优越感。

他没有真正的朋友。

这其实不难理解，因为其他孩子未必总是愿意受别人的领导。

至今他的父母还没有就性方面的问题向他做出解释。

他总是表现出一种强烈的控制欲。

对于我们好不容易收集到的、有关他自己的事实，他再清楚不过了。换句话说，他清楚自己想要的是什么。然而，毋庸置疑，他对自己这种无意识的目标和其行为之间的联系却一无所知。他也不清楚自己强烈统治欲的范围和根源。由于他目睹了父亲对家庭的统治，因此他也希望统治别人。他越是想统治别人，就变得越软弱，因为他要依赖别人。而他所效仿的对象——他的父亲却是在自我克制中实施统治的。可以这样说，孩子的懦弱胆怯滋养着他的勃勃雄心。

他总是招惹事端，就连面对那些强于他的人时也不例外。

然而，越是强者，就越好应付，因为他们对自己的责任非常重视。但这个孩子鲁莽冒失时，却只顾及自己。顺便指出，这种鲁莽冒失的行为很难被根除，因为他对自己缺乏自信，认为自己什么都学不会，所以，他只好利用鲁莽的举动来掩饰这一点。

他并不自私，而是很慷慨大方。

如果认为这是一种善意的举动，我们就会发现这并不符合他性格的其他方面。我们知道，有人会假借慷慨大方的表现来展示自己的优越感。重要的是要弄清楚这种性格特征是怎样与对权力的渴望联系起来的。在这个孩子看来，慷慨是一种个人价值的提升。他这种炫耀自我的方式可能是从他爸爸那里学来的。

他仍不停地制造麻烦。他最怕的人是父亲，其次是他的母亲。他随时准备起床，也并不是很爱慕虚荣。

最后一句话说的只不过是关于外在的虚荣，因为他有着非常强烈的内在的虚荣心。

他改掉了挖鼻孔的坏习惯。他特别固执，吃饭时很挑剔，不喜欢吃蔬菜和脂肪类的食品。他有时候也喜欢交朋友，但他交的朋友都要能够受他支配才行。他也很喜欢动物和花草。

喜欢动物蕴含着一种对优越感和统治权的追求。这种爱好当然不能说是一件坏事，它能使人与地球上的万物和谐相处。然而，对于本案例的孩子来说，这种喜好表现的是一种统治欲望，即他总是想方设法让母亲为他操心。

他的领导欲表现得也很强烈，当然这并不是一种智力上的领导欲。他虽然爱好搜集各种物品，却没有足够的耐心，每项收藏都是浅尝辄止。

这种人的悲剧在于，他们做任何事情总是有头无尾，有始无终。因为如果做出结果，就意味着承担责任，而他最怕的就是承担责任。

过了10岁之后，孩子的行为从整体上看有了一些改善。因为他原来总希望到街头逞强称能，所以不愿乖乖地待在家里。经过不断的努力，他的行为才有了一些改进。

事实上，满足其强烈的自我肯定欲望的最好方法，就是把他限制在家庭这个狭小的天地里。毫无疑问，他会在家庭这个狭小的空间内不断制造各种麻烦。如果可以对他进行恰当的监护，应该让他去街头玩耍。

他回到家里的第一件事情就是做作业，并没有表现出想离开家的愿望，然而，他总会想方设法来浪费时间。

当孩子被限定在一个狭小的空间里，并在监督下进行学习的时候，我们就会发现孩子的注意力总是不能集中起来，他总是在试图浪费时间。因此，必须要让孩子有充足的活动空间，让他和别的孩子在一起玩耍，并在小伙伴中发挥一定的作用。

他原来曾经很喜欢上学。

这说明学校的老师对他并不是很严厉，所以他也能够扮演英雄角色。

他原来总是把书弄丢。他并不惧怕考试，他认为自己可以做好每一件事。

这种性格特征是非常普遍的。事实上，如果一个人无论在什么情况下都保持乐观的态度，这恰恰表明了他的不自信。当然可以说这种人是悲观主义者，但是，他们总会想尽一切办法违背生活逻辑，沉浸在自己无所不能的幻想之中，即使他们没有取得成功，他们也会表现出惊奇。他们被一种宿命论所控制，总是表现出一种乐观主义精神。

他不能集中精力。有的老师喜欢他，而有的老师则讨厌他。

喜欢他的是那些欣赏他这种风格的性情温和的老师。他这时候很少制造麻烦，因为老师没有对他提出过高要求，他因此能够很容易就得到关注。和大部分被宠坏的孩子一样，他既不愿集中精力，也没有养成这个习惯。6岁之前，他觉得这是毫无必要的，因为妈妈会照顾好他的一切。所有的事情都被事先安排好了，他就像被关在笼子里的宠物一样。一旦遇到困难，他就会感到准备不足。他一直没有学会如何去面对困难和解决问题，他对任何人都提不起兴趣，所以更无法与他人合作。独立完成某项任务所必需的愿望与自信正是他所欠缺的。他只有一种引人注意的欲望，一种轻而易举就能出人头地的欲望。但是，他没能给学校造成困扰，自然也没能成为别人关注的焦点，这就使得他的不良行为变本加厉。

他对所有的事情都心不在焉，他会以最轻松的方式和最少的付出去做每一件事情，丝毫不考虑他人的感受。这在他生活中已经成为主旋律，在他的一切具体行为中——例如偷窃和说谎之中，这种主旋律表现得非常明显。

在他的生活风格中存在着许多非常明显的错误。在他妈妈的刺激下，他的社会情感肯定只得到了部分的发展，对于他的社会情感的进一步发展，他温和的妈妈和他严厉的爸爸都没能为他指出明确的方向。这种社会情感始终没能走出他妈妈的世界，在这里，他认为自己备受关注。

所以，他对卓越的追求所指向的并不是对社会有用的方面，而是自己的虚荣心。为了让他朝着对社会有用的方向发展，我们必须对他的性格发展加以塑造，让他重新建立起信心，这样，他才容易接受我们的意见。除此之外，我们还要扩展他的社会关系的范围，由此来弥补他妈妈的忽视，同时还要他和妈妈达成和解。我们要逐步推进对他的教育，直到他对自己过去生活风格中的错误能够像我们一样有一个深刻的认识。如果他不再把自己的注意力集中在一个人身上，他的独立性和勇气就会因此而增强，他也就会把自己对卓越的追求转向对社会有用的方面。

## 案例 2

这个案例关于一个 10 岁小男孩。

学校向家长抱怨说这孩子的学习成绩非常糟糕，已落后同年龄学生 3 个学期。

一个 10 岁的孩子落后同龄人 3 个学期，我们甚至要怀疑他的智力是否存在问题。

他现在读的是三年级，IQ 是 101。

很明显他的智力水平没有问题。那么他学习落后的原因究竟是什么呢？他为什么要扰乱课堂秩序？我们发现，他对卓越非常渴求，他也有一定的行动兴趣，然而他的追求和兴趣所指向的都是对社会生活无用的方面。他希望自己富有创造性，对事情能积极主动，也想受到别人的关注，这并没什么大不了的，但他却采取了错误的追求方式。我们也能看到，他对抗学校，和学校战斗。他非常好斗，他是学校的敌人。所以，我们就不难理解他成绩很差的原因了，因为以他这种好斗的性格来说，学校的常规生活是他所无法忍受的。

他不愿服从命令，也不想遵守纪律。

这是显而易见的。他行为之中自有他明智之处。换句话说，他有一套自己的方法来实施这种不明智的行为。对一个好斗者来说，肯定不会接受别人的命令。

他和别的孩子打架。他把自己的玩具带到学校去。

他是希望制造一个属于自己的学校。

他口算不好。

这说明他在社会意识及与之相配的社会逻辑方面存在欠缺（参见第7章）。

他在语言上有缺陷，每周参加一次语言训练班。

这种语言缺陷与生理器官无关。这是一种缺乏社会合作精神的表现，这一点可以从他的语言障碍中看出来。语言所体现的是一种合作的态度，一个个体必须与别人发生联系的合作态度。在这个男孩那里，这种语言缺陷却成为他好勇斗狠的一种武器。他并不希望自己的语言缺陷得到治疗，对此我们不必大惊小怪，因为治疗语言缺陷就等于让他放弃这个引人关注的武器。

当老师和他讲话时，他的身体就摇摆不定。

他似乎做好了随时战斗的准备。他很反感老师说话，因为这样的话他就不可能成为人们关注的焦点了，如果老师对他说话，而他又不得不去听的话，老师就成了征服者。

他的母亲（确切地说是继母。在他婴儿时期，他的生母就去世了）抱怨说，这个孩子有点神经质。

在这个意味深长的描述下，孩子许多不良行为被掩盖起来了。

是他的两个祖母把他带大的。

一个祖母带孩子就已经很糟糕了，更何况两个——我们知道，祖母对孩子的溺爱通常都是非常可怕的。至于她们为什么这样做，值得我们深思。这是现代文化的缺陷，即上了年纪的女人在社会中没有自己的位置。她们反抗社会，希望能被合理对待，在这一点上她们无疑是正确的。她们想证明自己存在的价值，因此他们通过溺爱孩子并得到孩子依恋的方式来证明自己的重要性。她们通过这种做法来得到个体被认可的权利。

我们不难想象，在这两个祖母之间，会产生一种激烈的竞争。每个人都想让孩子更喜欢自己。当然，孩子会成为这种竞争最大的受益者，他会发现自己仿佛置身于天堂之中，似乎可以随心所欲，为所欲为。孩子什么都不用做，只要说

"这是一个祖母给我的",那么,另一个祖母为了打败竞争对手,就会给孩子更多的东西。在家里,孩子自然是备受关注的,我们可以发现孩子是怎样把这种关注变成他的目标的。而如今他来到了学校,在这种新的环境中两个祖母不见了,只有一个老师和其他许多孩子。他只能通过好斗和反抗来获得人们的关注。

他和祖母在一起生活的时候,没有取得过好成绩。

对他来说,学校并不适合。他对学校生活也缺乏准备。进入学校可以测试他的合作能力,但过去也没有对他进行过这方面的训练。对孩子来说,最能培养这种合作精神的人是妈妈。

一年半前,他爸爸再婚了,于是这孩子就跟他爸爸和继母生活在一起。

毋庸置疑,这种情境是存在问题的。如果有继母或继父进入了孩子的生活,就会产生问题了,也可以说问题就更多了。对孩子的成长和教育来说,继父母问题由来已久,直至今日也未能得到改进。这一问题给孩子造成很大的困扰,就算继父母对他们非常好,他们也同样会遇到各种问题。这并不意味着继父母的问题没有解决的办法,而是说,对待这个问题需要用某种特殊的方式。继父母不要把孩子的感激看作自己应得的权利,而是应该尽力去赢得这种感激。在这两位祖母的参与下,这个问题情境变得更加复杂了,继母和孩子的问题也更加严重了。

继母最初来到这个家庭的时候,也曾试图与这个孩子和谐相处。为了讨这个孩子的欢心,她做她能做的一切。这个孩子的哥哥同样也是一个总是制造麻烦的人。

家里还有另一个好斗者。我们不难想象,这两个孩子之间的竞争只会让他们的争斗欲望变得更加强烈。

这孩子对父亲害怕、顺从,但对母亲却不会。母亲因此经常会求助于父亲。

这其实就是承认,妈妈不能教育这个孩子。所以,教育的责任便转移到了爸爸的身上。当妈妈不停地把孩子做什么、没做什么都告诉孩子爸爸的时候,当她以"我会告诉你爸爸"的说法威胁孩子的时候,孩子就会意识到,她没有能力管理和教育他们,她会放弃这个任务。这样一来,孩子便寻找机会对她傲慢无礼。这个妈妈的这些举动,也表现出她的一种自卑情结。

孩子如果听话的话,妈妈就带他去商店,给他买东西。

这位妈妈的处境也很艰难，其原因在于她的生活中总有祖母的阴影，因为孩子总认为更重要的是祖母。

祖母并不经常来看他。

一个偶尔才来造访数小时的人很容易让孩子的教育陷入混乱，并给孩子的妈妈留下许多麻烦。

家里的所有人似乎都不再喜欢这个孩子了。

似乎没有人再喜欢这个孩子了。甚至曾经对他宠爱有加的祖母，现在也不喜欢他了。

爸爸会用鞭子打这个孩子。

鞭打其实并没有效。孩子喜欢受到赞扬，如果有人赞扬了他，他会感到高兴和满足。然而，他不知道怎样才能正确地获得赞扬。他渴望不费吹灰之力就获得老师的赞扬。

如果别人赞扬了他，他就会努力把事情做得更好。

其实，每一个想成为关注焦点的孩子都是如此。

老师不喜欢他，因为他总是愁眉苦脸。

这是他所能运用的最佳方法。因为这个孩子非常好斗。

这个孩子还尿床。

这也是孩子想成为关注焦点的表现。然而，他是通过间接的方式获得这种关注的。为了争取妈妈的关注，他会采用什么间接的方式呢？通过尿床让妈妈深夜起来，通过半夜啼哭，通过在床上玩耍而不睡觉，通过早上不起床，通过有害的饮食习惯。总之，无论白天还是晚上，他总能找到让妈妈为他操心的方法。他所使用的武器中就包括尿床和语言缺陷这两种。

妈妈夜间要唤醒他好几次，才能让他改掉尿床的坏习惯。

妈妈夜间还要数次起来叫醒他，关注他。这样，他才感觉自己受到了关注。

他并不受其他孩子的欢迎，因为他总有一种支配他人的欲望。那些弱小的孩子却试图模仿他。

这是一个脆弱、缺乏自信的孩子，从不想让自己在生活中勇敢一点。他之所以会被那些弱小的孩子模仿，是因为这些孩子实际上也是通过这种方法来获得关注。

另外，不是所有的人都不喜欢他，当他的作业被评为全班最佳时，有些孩子也愿意相信他取得了进步。

当他取得进步时，别的孩子也会为他感到高兴。这说明老师的教育方法得当，懂得怎样培养孩子们的合作精神。

这个孩子喜欢在街头和其他孩子一起踢球。

当他认为自己可以成功和征服别人时，他会乐意与人交往。

我们和他的妈妈一起来讨论这个孩子的问题。我们告诉她，她与孩子和祖母的处境都非常艰难。孩子对他的哥哥有很强的嫉妒心理，总害怕不如他。在我们的交流过程中，这孩子一直都沉默不语，虽然我们向他表明我们诊所的每一个人都愿意成为他的朋友。在这孩子看来，说话就意味着合作。他要的是战斗，而不是合作。这是由于他的社会情感不足，这同样也是他为什么会拒绝矫治自己的语言缺陷的原因。

人们或许会对此感到惊异。实际上，甚至在某些成人身上，我们也经常能够看到这种情形：用沉默不语来表示对抗。曾有一对发生激烈争吵的夫妻，丈夫向他妻子大嚷大叫："看看你，看看你，现在怎么没话说了。"妻子回答道："我不是无话可说，只是不想说罢了。"

这个案例中的男孩情况也是如此——"只是不想说话"。当进行完我们的谈话，告诉孩子可以离开的时候，他却似乎还想留下了。他的敌意似乎开始爆发了。当我们再次对他说讨论已经结束时，他仍不想离去。我们让他下个星期和他爸爸一起过来。

同时,我们对他说:"你一句话都不说,这种做法非常好,因为别人要求你做什么,你偏偏会做出相反的事情来。如果别人叫你说话,你就一言不发。如果叫你在课堂上保持安静,你就偏要大声喧哗,以此扰乱课堂秩序。你觉得只有这样做才称得上一个英雄。如果我们不让你说话,那么你就会口若悬河。我们只要向你提出相反的要求,你就会乖乖地就范。"

很显然,这个孩子说话的欲望被激发出来了,因为他感到有必要回答这些问题。于是,他开始配合。之后,我们才对他说明他的情况,并使他意识到并相信自己身上存在的错误。他自此开始慢慢地进步。

这时,我们不要忘记,如果孩子一直处于这种旧的环境中,他是不会有改变的动力的。他的爸爸、妈妈、祖母、老师及伙伴对他已经有了一种固定的态度。他对他们的态度也已经固化了。然而,当他来到诊所,这完全是一个全新的情境。我们也尽可能为他营造一个新的环境——事实上是一个全新的环境。这样他在旧环境中形成的性格特征就会更好地暴露出来。在这种情况下,一个明智的方法就是对这个男孩说"你不要说话",这个男孩就会说"我就要说"。按照这种方法,男孩不会觉得有人和他直接说话,所以也不会对自己不想说话的心理有所警惕和抑制。

在诊所，孩子通常要面对许多听众，这会给他们留下很深刻的印象。这个环境对他们来说是全新的，他们会产生这样的印象，他们不仅不再受到以前狭小空间的限制，其他人还对他们充满了兴趣，他们会觉得自己成为这个大环境中的一部分。他们甚至还希望表现自己，尤其是让他们下次再来的时候。他们明白将要发生的事情——人们将询问他们一些问题，询问他们的情况如何等等。有些人一个星期来一回，有些人天天都会来，这要根据具体情况来决定。在这里，人们训练他们对老师的行为。他们清楚，这里不会有人对他们进行批评、责骂和指责，一切事情都会拿出来进行公开的讨论和评价。一对夫妇正在争吵，如果这时有人打开窗户，他们就会停止。因为窗户被打开之后，别人就有可能听到他们的争吵，而人们通常都不想让别人认为自己的性格存在问题。这就迈出了前进的第一步。同样的道理，当孩子肯来到我们的诊所接受咨询时，他们就迈出了前进的重要一步。

## 案例3

本案例涉及的是一个13岁半的孩子，他是家中的长子。

孩子11岁的时候，IQ为140。

可以说，这个孩子很聪明。

自从进入高中第二学期以来,他几乎就在原地踏步。

从我们的经验来看,如果一个孩子觉得自己很聪明,他很可能就会产生一种不劳而获的心理,其结果只能是"聪明反被聪明误",这样的孩子通常都不会取得进步。例如,通过我们的观察发现,这些处于青春期的孩子都会认为自己要比实际年龄更成熟。他们想证明自己已经不是孩子了。他们的这种欲望越是强烈,他们所遇到的问题就会越多。这样一来,他们便开始对自己产生怀疑,认为自己并不像他们所想象的那样聪明。对此我们的建议是,不要对孩子说他很聪明,或告诉他有很高的智商。绝不能让孩子知道他们自己智商是高是低,就算是家长也不能知道。因为一个聪明的孩子后来屡遭失败的原因就在于此。让他们知道自己的智商是一件非常危险的事情。一个充满雄心壮志却有可能通过不正确的方法来获得成功的孩子,会走上一条错误的成功之道。这些不正确的方法包括患神经症(或精神病)、自杀、犯罪、懒惰或无所事事。孩子会寻找各种各样的理由,来为自己错误的成功之道进行辩解。

这个孩子非常喜欢科学。只喜欢和比自己更年幼的孩子交往。

我们知道,孩子更愿意与比自己更小的孩子交往,其目的是想让一切对他来说变得更容易掌控一些，也是为了表现自己的卓越，希望自己成为年幼者的领袖。如果他更愿意和年龄比他小的孩子交往，那么我们就有理由怀疑他要达到这样的目的。当然，事情并不总是这样，有些情况下，孩子是为了显示自己的父性才和更年幼的孩子交往的。然而，这其中也存在问题。因为孩子为了显示自己的父性，很可能会不愿意与比他年龄大的孩子交往，他会有意识地这么做。

他喜欢的运动项目是足球和棒球。

我们假设他很擅长这两项体育项目。我们可能会听说，他在某些方面很擅长，而对另一些方面则没有一点兴趣。也就是说，如果他觉得自己没有成功的把握，他是不会有积极、主动的表现。一旦他在某个方面没有获得成功的把握，他就会拒绝参与其中。这种行为方式当然是不正确的。

他喜欢打牌。

这表明他在想办法消磨时间。

由于打牌，他不可能按时睡觉、按时完成作业。

现在我们看到了为什么父母会对孩子产生抱怨，这些抱怨大同小异：他在学习上不能取得进步，他只会浪费时间。

当他在婴儿的时候发育得很缓慢,直到两岁以后才开始迅速发展。

对于两岁前他发育缓慢的原因我们不得而知。或许是由于家人对他的过分溺爱造成了他发育缓慢。我们能够看到,受到过分宠爱的孩子不必说话、不必走路或发挥身体机能,因为他们的一切都有人帮他们安排得妥妥当当的,所以发育的刺激也就没有了。他之后获得了迅速发育的原因,只能是这期间他受到了刺激。正是在这种强烈的刺激下,他才能成为一个聪明的孩子。

诚实和固执是他突出的两个性格特征。

只知道他很诚实是不够的。诚实当然是一种美德,是一个优点。然而,我们并不清楚他有没有利用自己的诚实来批评和责备他人。诚实很有可能是他进行自我炫耀的资本。我们知道他有很强的领导欲望并喜欢支配他人,所以,他可以通过表现出诚实的品质来获得一种卓越。我们并不知道他在十分不利的情况下还能不能保持住诚实的品德。至于他的固执,我们发现,他确实想独树一帜,喜欢标新立异,不愿意人云亦云。

他会欺负自己年幼的弟弟。

我们的判断与这个陈述是相一致的。他希望成为领袖,而弟弟不顺从他，他就欺负弟弟。这表现出他其实并不十分诚实。而且，如果你对他真正了解，你还会发现，他甚至就是个骗子。他是一个爱自吹自擂的人，并流露出一种优越感。然而实际上，他所流露出来的是一种优越情结。从这种优越情结中可以清晰地看到，他实际上在内心深处备受自卑感的困扰。由于别人对他的评价太高了，当遇到不能解决的困难时，他便会因失败而低估自己。而正因为他对自己的低估，导致他不得不通过某种方式进行补偿，这种方式就是自吹自擂。所以，对孩子进行过高的赞扬不是一种明智的做法，因为他会觉得别人对他有过高的期望。如果他发现要达到别人的期望非常困难的话，便就会开始感到害怕和担心，就会寻求掩饰自己弱点的办法，例如欺负他的弟弟等。这就是他的生活风格。在他所遇到的问题面前，他觉得自己不够强大、也不够自信，更无法解决这些问题。所以，他便沉溺于打牌。当他打牌的时候，他的自卑就不会展现在人们面前，即使他的学习成绩很糟糕。父母会说，他不能取得好成绩的原因就是他总打牌，这样他的骄傲之心和虚荣心就得到了挽救。慢慢地，他也受到这个观点的影响："没错，由于我总是打牌，所以我的成绩才不好。如果改掉打牌的坏习惯，我的学习成绩就会变好。然而，我的确喜欢打牌。"这样一来，他得到了满足，他告诉自己，他可以变成最好的学生。只要这孩子对他自己的这种心理逻辑一无所知，他就会继续沉溺于自我安慰之中，隐藏自己的自卑感，既不让别人看到，也不让自己看到。只要他的这种做法继续维持下去，他就不会发生改变，也不会取得丝毫进步。所以，我们必须通过一种友好的方式让他理解自己性格的根源，并且告诉他，他的实际行为给人的印象，就像一个认为自己无法胜任自己任务的人，他之所以会觉得自己很强大，只是通过这样做来隐藏自己的弱点和自卑感。我们应该以一种友善的方式和不停的鼓励来实施这一切。我们不能总是夸奖他，赞扬他的智商高——这种不断的赞扬可能会使他的心理感到害怕和畏惧，他会觉得自己不能永远取得成功。我们非常清楚，在孩子以后的生活中，智商的作用并没有那么重要。所有实验心理学家都认为，智商所揭示的仅仅是测试当时的情况而已。生活是错综复杂的，通过测试并不能将其认识清楚。高智商并不意味着孩子在真实生活中能解决自己遇到的所有问题。

孩子存在的真正问题就是他社会情感的缺乏，是他的自卑感。而这必须向他解释清楚。

# 案例 4

这个案例中的孩子只有 8 岁半，通过这个案例我们可以清楚地看到，孩子是怎样被宠坏的。有许多罪犯和神经症（精神病）患者都来源于这一类型的儿童。在我们这个时代急需解决的一个重要问题就是，不要再溺爱孩子。这并不意味着我们不爱他们，而是不要溺爱和纵容他们。我们在对待他们时应该以一种平等的心态，试图把他们当作自己的朋友。这是一个很有价值的案例，因为从中我们可以看到被宠坏孩子的性格特征。

孩子目前面临的最大问题是，每一个年级都要重读，而他现在才二年级。

一个一年级的孩子居然还要重读，我们完全有理由怀疑他的智力水平。在对这个案例进行分析时，我们不要忘记这个可能性。另外，如果孩子最初的成绩很好，问题是后来才出现的，我们就能够排除他弱智的可能性。

他以婴儿的方式来说话。

他渴望得到宠爱，所以就模仿婴儿的举动。然而，这也表明他有一个目的，因为他认为从模仿婴儿的举动中可以得到好处。他这种理性的判断实际上恰恰说明了他的智力没有问题。他很讨厌学校生活，对此也缺乏准备。他并不是按照学校的规定和制度来发展的，为了表明自己的追求他选择了与环境进行对抗。正是这种敌视态度导致他每个年级都要重读。

他并不服从自己的哥哥，有时还会和哥哥发生激烈的争斗。

所以，我们从中能够看到，对他来说，哥哥就是一个很大的障碍。从这一点来看，他哥哥应该是个好孩子。他和哥哥竞争的唯一手段就是尽量表现出坏的一面。当然，他会在梦中想象，如果他能回到婴儿时代，他就可以超过哥哥。

他22个月时才学会走路。

他也许患过佝偻病。如果他到22个月才学会走路，这可能是因为他总是受到监护。在这22个月的时间里，他的妈妈和他总是寸步不离。他越是不会走路，妈妈就越是对他看护有加，更会溺爱、纵容他。

他很早就学会了说话。

到这里，我们可以肯定的是，他不是一个智障患者。因为说话困难通常是智障儿童的一种表现。

他总像婴儿那样说话。他爸爸非常温柔亲切。

他爸爸对他也很宠爱。

但他更喜欢妈妈。他们家有两个孩子。他母亲告诉我们，大儿子非常聪明。这两个孩子经常发生争斗。

两个孩子之间总是存在竞争，这对大多数家庭来说都是如此，尤其是家庭的头两个孩子之间更容易发生这种情况。然而，任何生活在一起的两个孩子之间都会存在竞争。其原因在于这样一个事实，即当另一个孩子出生时，先出生的孩子会感到自己原有的地位受到了威胁，就像我们指出的那样（参见第8章），如果孩子们具有很好的合作精神和能力，这种恶性的竞争自然也就不会产生了。

他的算术很差。

对受到溺爱的孩子来说，这是他们在学校中的最大困难，因为算术所涉及的是社会逻辑，而在那些被溺爱的孩子身上恰恰缺乏这种社会逻辑。

他的大脑一定出了问题。

然而，通过我们的观察却没有发现这个问题。从他的角度出发，他的行为非常合理和正常。

他的妈妈和老师觉得他手淫。

他可能会手淫。然而，大部分孩子都会手淫。

他母亲说，他的眼睛有黑眼圈。

然而这并不能证明他进行了手淫，尽管这是人们的普遍看法。

他吃东西特别讲究。

这表明他很渴望目前关注他,即使在吃饭的时候也是这样。

他惧怕黑暗。

这也是被溺爱孩子的一种常见的表现。

他妈妈说他的朋友很多。

在我们看来,和他成为朋友的人都是那些能够受他支配的人。

他很喜欢音乐。

对音乐人的外耳进行一番考察会对我们有所启发。人们可以看到,音乐人的外耳曲线发育得更好。我们对这个孩子进行观察后发现,他的外耳很精致、敏感,这种敏感性表现为喜爱和谐的声音。具有这种敏感性的人更适合接受音乐教育。

他喜欢唱歌,却患有耳疾。

这种人对我们生活中的噪音一般都很难忍受。有些这样的人更容易患上耳疾。听觉器官的构造是通过遗传而来的,这就是音乐天赋和耳疾会在代际之间传承的原因。这个孩子受到耳疾的困扰,在他的家族中的确有几个人对音乐很精通。

要想矫治这个孩子，就要设法使他变得更加独立自主。目前，他还不能自立。他认为永远都要依赖妈妈，永远都不离开她。他总是渴望得到妈妈的支持和关心，他妈妈自然也乐于这么做。然而现在，我们要让他完全拥有自由，让他做他想做的任何事情，甚至犯点错误。因为如果不这样的话，他是不会学会自立的。他还要学会不和哥哥争夺妈妈的爱。这样一来，兄弟两个都会感觉受到了偏爱，他们的嫉妒心理自然也就消除了。

还有一点是非常必要的，那就是要让孩子鼓起勇气去面对学校生活中的问题。试想一下，如果他不继续上学，情况会怎么样呢？他如果离开学校，就会偏离生活中有用的一面。他可能先会逃学，接着干脆不去上学，之后离家出走，还有可能加入帮派。防患于未然总是最好的，现在通过训练让他适应学校生活总好于以后对付一个少年犯。学校对孩子来说只是一种重要的测试环境而已。孩子没有接受过这方面的训练，也没有足够的解决问题的社会情感，这就是他在学校遇到困难的真正原因。然而，学校应该让他重新鼓起勇气，重新让他找到自信。无疑，学校本身也存在问题，班级人数可能太多，在如何激发学生内心的勇气方面，老师也可能缺乏准备。这就是事情的悲剧。但是，如果这个孩子有幸能够遇到一个好老师，能够在老师的鼓励下重新振作起来，那么他就得救了。

## 案例 5

这是一个关于 10 岁女孩的案例。她因为在算术和拼写方面存在困难,被送到我们诊所来接受指导和治疗。

对于那些被溺爱的孩子来说,学习算术都会很困难。这并不意味着被溺爱的孩子就一定学不好算术。然而,根据我们的经验,通常的情况会是这样。我们知道,左撇子在拼写方面一般都会存在困难,因为他们养成了从右向左的习惯,他们一般都会从右向左来阅读。他们可以进行正确地阅读和书写,只是方向相反罢了。人们对这一点通常并不在意。人们只知道他们无法阅读,也只会简单地说他们无法正确地阅读和拼写。所以,在我们看来,这个女孩或许是个左撇子。可能还有其他原因造成了她拼写的困难。如果是在纽约,我们还要考虑她可能是其他国家的移民,所以对英语还不是很熟悉。如果是在欧洲,这个可能性就会很小。

她有着意义重大的经历:她家庭的大部分财产都在德国丧失了。

对于她什么时候从德国移民的我们不得而知。或许这个女孩曾经有过一段快乐的时光,而现在这一切都一去不复返了。新环境对她来说就像一种测试,从中可以看出她有没有受过与人合作的训练,有没有社会情感,有没有勇气,同时也可以看出她能不能接受贫穷的现实，或者说，从她对新环境的反应中可以看出她有没有学会在生活中与他人合作。就目前的情况来说，她缺乏与人合作的意识和能力。

她在德国时还是个不错的学生，她8岁的时候便离开了德国。

这是两年前的事情。

她在美国学校里表现得并不好，因为她在拼写上存在困难，而且这里教授算术的方式也不同于德国。

老师并不总能照顾到学生的这些问题。

她受到母亲的溺爱，她也很依恋母亲。她同样也喜欢父亲。

假如你向孩子提问："你最喜欢的是谁，父亲还是母亲？"他们通常都会回答说："我都很喜欢！"他们这样回答是被教育的结果。如果想测试出这种回答是否可靠可以有许多方法。其中一个较好的方法就是让孩子坐在父母中间，我们和父母交谈，这时孩子就会不自觉地转向他最喜欢的人。同样地，当孩子走进父母的房间时，他会朝着自己喜欢的人走去。

她有一些同龄的女朋友，但数量有限。她最早的记忆是，在她8岁的时候，和父母一起在德国的乡下居住，那时她常常在草地上和小狗一起玩耍。那时她家还有一辆马车。

她对曾经的富裕生活、草地、小狗和马车仍然记忆犹新。就如同一个落魄的富人，总是会回想起她曾经拥有的一切——汽车、马匹、高大的房子和佣人等。我们不难看出，她很不满意目前的状况。

她经常会做有关圣诞节的梦，梦到圣诞老人送给她礼物。

她在梦中所流露出的愿望与现实中是相同的。她总是渴望得到很多东西，因为她觉得自己已经被剥夺了很多，她想再次拥有她曾经拥有的一切。

她常常会依偎在母亲身边。

这种举动是一种失去勇气和在学校遭受挫折的表现，我们告诉她说，尽管与其他孩子相比，她遇到了更多的困难，但是，通过勤奋的努力和不懈的追求她仍然可以在学习上取得很大的进步。

她再来诊所时，妈妈并没有陪着她，她是独自一人来的。她的学习取得了一些进步，在家里，她也是自己处理自己的事情。

我们曾经告诉她要争取独立，不要总是依赖她母亲，要学会自己处理自己的事情。

她为她父亲做早饭。

这是合作感的一种表现。

她觉得自己比以前更有勇气了。她也能和我们更自在、更从容地谈话了。

我们让她回去叫她母亲一起过来。

她母亲陪她一道来了,这是她第一次造访我们的诊所。母亲一直都很忙,抽不出时间。她告诉我们,这女孩并不是她亲生的,而是在孩子两岁时收养的,而女孩对此毫不知情。在孩子出生的头两年时间内,她先后一共被转送了6户人家。

孩子没有美好的过去。她似乎在生命最初的两年内遭受了太多的苦难。所以,我们所面对的女孩,曾经遭人唾弃、被人忽视而后来又得到悉心照料。她很害怕失去当前这种良好的境况,这是源于她对早年痛苦生活的无意识的印象。或许那两年对她来说太刻骨铭心了。

当这位母亲领养这个女孩的时候,有人建议她要严加管教这个女孩,因为她的家庭出身很糟糕。

建议她这么做的人中了遗传学说太深的毒了。如果她严厉管教了孩子,但仍然出现了问题,这人就会辩解说:"你看,我没说错吧!"其实他们并不知道孩子变成问题儿童,他们也难辞其咎。

孩子的亲生母亲不是一个好女人，这让养母觉得自己肩负着更加重大的责任，因为她并不是自己的亲生孩子。养母有时还对孩子实施体罚。

对女孩来说，现在的情况似乎没有比以前更好。养母有时会突然中止对她的溺爱态度，取而代之的却是严厉的惩罚。

养父很宠爱这个孩子，会满足她的所有要求。如果她希望得到什么，她不是说"求求您了"或"谢谢您"，而是说"你不是我妈妈"。

孩子或者是知道了事情的真相，或者是碰巧说了这么一句直击要害的话。曾有一个20岁的男青年觉得自己不是他妈妈亲生的，而他的养父母发誓说，从来没有人将真相告诉过这孩子。很明显，这个青年只是一种感觉而已。孩子能从很小的细节上得出结论。在这个案例中，孩子的养母认为"孩子不可能知道事情的真相"，然而，孩子自己可能已经对这一点有所察觉了。

然而，这女孩只会把这样的话说给养母听而不是养父。

因为她找不到攻击养父的机会，因为养父满足了她一切的要求。

她养母无法理解她在新学校所发生的变化。孩子现在的学习成绩很差,她便对孩子实施体罚。

不佳的成绩已经让可怜的孩子感到羞愧和自卑了,回家后还要遭受母亲的责罚,这实在是太过分了。成绩不佳而导致的羞愧和自卑的情绪和母亲的责罚,其中的任何一种就已经是过分的了。老师们需要认真对待这一问题,他们应该意识到,他们给出不佳的成绩单,或许就拉开了孩子在家里遭受更多惩罚的序幕。明智的做法是,老师尽量不要给学生这样的成绩单。

这孩子说她有时候会突然失控,大发脾气。她在学校的情绪就不是很稳定,她激动亢奋,扰乱课堂秩序。她认为自己要做到永远第一。

我们其实不难理解这种欲望。因为她是家里的独生女,并习惯了从爸爸那里得到她所需要的任何东西。她喜欢成为第一的愿望我们也很容易理解。我们知道,她原来曾拥有乡村的草地等,现在她感觉自己的一切优势仿佛都被剥夺了。所以,她现在对卓越的追求会更加强烈。然而,她始终未能找到合适的表达方式,便行为过激,开始接连不断地制造麻烦。

我们告诉她,她必须要学会与人合作。她所有激动亢奋的举动都是为了成为关注的中心,她发脾气的目的也是要让人们注意她。为了表现对妈妈的反抗,她便不好好学习。

她梦到圣诞老人送给她许多东西，但当她醒来的时候，却发现自己什么都没有。

她总想唤起一种曾经拥有一切而"醒来时却发现一无所有"的情绪。这种情绪中蕴藏的危险不容忽视。如果我们在梦中曾拥有一切，而醒来时却一无所有，我们无疑会大失所望。然而，梦中的情绪和醒来时的情绪并不是矛盾的。也就是说，在梦中唤起这种情绪的目的，并不在于唤起一种拥有一切的美好感觉，而恰恰在于唤起一种失落感。她做这样的梦就是为了达到这样的目的，即体验一种失落感。很多患有抑郁症的人都会有与此类似的美好的梦境，醒来时却发现一切恰恰与梦境相反。对于这个女孩为什么喜欢体验失落感，我们不难理解。她对自己的前途看不到一点光明，因而想把一切都怪罪到自己的母亲头上。她觉得自己一无所有，而她的母亲什么要求都不满足她，"她还打我屁股，只有爸爸才会给我想要的东西。"

下面我们对这个案例进行一下总结。女孩总是追求一种失落感，并把这种情绪都怪罪到自己的妈妈头上。她这是对妈妈的一种反抗。如果我们想让这种反抗停下来，就要让她相信，她在家里、梦中和学校的所有行为完全是基于相同的错误模式。她之所以会形成错误的生活方式，主要是因为她来美国的时间太短、不能熟练掌握英语。我们要让她认识到，这些困难其实并没有什么，通过努力都是很容易克服的，而她却把这些困难当作对付妈妈的工具。同时我们也要劝说妈妈不要再责罚孩子，这样她就找不到任何反抗的理由。我们还要让孩子知道，"我不能集中精神、无法自控，乱发脾气的原因，就在于我想给妈妈制造麻烦"。如果她能对这一点有所认识，她的不良行为就会停下来。如果她不能清晰地认识到这一点，不能理解她的所有经验和印象蕴藏的深刻含义，她的性格是不太可能发生改变的。

如此一来，我们就能清楚什么是心理学。心理学的目的在于了解一个人怎样运用他自己的印象和经验。或者说，心理学就是要了解人们据以行动和对刺激做出反应的感知模式，了解人们怎样看待刺激、怎样对刺激做出反应和怎样运用它们来实现自己的目标。

# 译者后记

阿尔弗雷德·阿德勒（Alfred Adler）是现代著名的奥地利心理学家、精神分析学家、社会教育家和人本主义心理学先驱。他所开创的"个体心理学"，在心理学界独树一帜，对后来西方心理学的发展具有重要意义。迄今在心理学领域，仍有很多人沿用阿德勒的理论和方法进行研究和治疗。

阿德勒的著作全面阐述了他的六个主要概念：假想的目的论、追求卓越、自卑与补偿、社会兴趣、生活风格、创造性自我。假想的目的论即我们所有人在童年时期都无意识地发展了一种关于生活的信念，在阿德勒看来，这种虚构的目的就是追求人生的意义，追求卓越、超越完美。个体追求卓越的原因在于，所有的儿童都有一种天生的自卑感，这是一种普遍的人类心理。个人处境的改善会缓和自卑感，心理学把这种现象称为心理补偿。而区分有益和无益的追求卓越的基础，就看其是否符合社会利益。一个高尚的、高贵的行为，应该是对自身和社会都有益的。因此，教育孩子就是要培养他这种社会情感。

但是，自卑情结所激发的追求卓越也会走错方向，有人会把追求卓越扭曲为追求权力、控制他人、自私自利，或沉湎于自我想象的世界之中，缺乏面对现实世界的勇气。而这些错误正是教育应该加以注意的地方。

阿德勒的这本《儿童教育心理学》就围绕如何帮助儿童形成正常、健康的人格这一问题，提出了一个全新的教育理念，着重强调要用正确的方法帮助培养孩子的独立、自信、勇敢、不畏困难的品质，以及与他人合作的意识和能力。一句话，培养孩子健全的人格——才是教育孩子的首要目的。

我们知道，儿童的某些特征是环境力量的结果。儿童在某种环境中，感受到了自卑、脆弱和不安全，而这些感觉反过来又对儿童的心理产生了刺激作用。儿童便下决心摆脱这种状态，努力达到更好的水平，以获得一种平等甚至卓越的感觉。儿童这种向上的愿望越强烈，他就越会调高自己的目标，从而证明自己的力量。不过，这些目标常常超过人的能力界限。由于儿童在少时能够获得来自不同方面的支持和帮助，这些便刺激儿童设想自己未来会成为一种全能的人物。我们发现，儿童自己也会被如何成为一种全能人物的想法所控制。这通常会发生在那些自我感觉特别脆弱的儿童身上。因此，训练孩子野心勃勃并无益处。相反，更为重要的是培养孩子的勇敢、坚韧和自信，要让他们认识到，面对挫折不能气馁，不能丧失勇气，而要把挫折当成一个新的问题去解决。

温尼科特有一句名言"从来没有婴儿这回事"，也就是说，当你看到婴儿的时候，一定同时看到他的照顾者。这是温尼科特思想的标志性语言，也是其理论的出发点，指的是"够好的母亲"与"促进性环境"。阿德勒也认为，儿童的发展既不是由天赋决定，也不是由客观环境决定的。儿童对客观现实的看法以及他们与客观现实的关系，才是儿童发展的决定因素。

阿德勒的这本《儿童教育心理学》出版 80 多年来，在欧洲特别是在美国产生了巨大的影响。在当今的中国，对于为人父母者或者老师，或者所有关心或从事儿童教育工作的人，它也具有极大的启迪。